A Coragem dos Vencedores

RICARDO MAGALHÃES

A Coragem dos Vencedores

Histórias surpreendentes baseadas em fatos reais

Direção Geral: Ricardo Magalhães
Projeto gráfico: INOVAÇÃO PROJETOS EDITORIAIS
Preparação do projeto e texto: Equipe INOVAÇÃO
Foto do autor: Ricardo Berti
Revisão: Maria Augusta Finotti

FICHA CATALOGRÁFICA ELABORADA SEGUNDO O MANUAL DO EDITOR
(TABELA DE ASSUNTOS) DA FUNDAÇÃO BIBLIOTECA NACIONAL (BN)

Magalhães, Ricardo

A Coragem dos Vencedores : Histórias supreendentes baseadas em fatos reais / Ricardo Magalhães – São Paulo: Inovação Projetos Editoriais, 2013

ISBN 978-8586682-55-1

I. Título. A Coragem dos Vencedores
II. Título: Histórias surpreendentes baseadas em fatos reais

00-800 CDD-808.3

Índices para catálogo sistemático:
1. Romance : Romance brasileiro 808.3
2. Literatura : Romance : Literatura brasileira B869.0
3. Filosofia : Psicologia 100

Inovação

INOVAÇÃO PROJETOS EDITORIAIS

Sumário

Apresentação...9

1 - O perfume e o aparelho de TV quase comunitário...13

2 - Sonhos de menino...21

3 - Aprendizado relevante...27

4 - O menino que queria estudar...39

5 - Novos tempos...49

6 - A coragem e a fé...57

7 - Mudanças e surpresas...71

8 - Novos rumos...83

9 - Reencontros e desafios...101

10 - A coragem dos vencedores...135

Apresentação

> "A vida é uma peça de teatro que não permite ensaios. Por isso, cante, chore, dance, ria e viva intensamente, antes que a cortina se feche e a peça termine sem aplausos."
>
> *Charles Chaplin*

A palavra coragem é muito interessante, pois ela advém da raiz latina cor, que significa "coração". Diz o pensamento de mestres milenares que ser corajoso significa viver com o coração. E quem vive com o coração, naturalmente, vive à procura do bem geral. Essa sempre foi a conduta das inesquecíveis personalidades que marcaram o progresso da Humanidade. Portanto, para vencer, não basta apenas alcançar objetivos pessoais. E preciso, sobretudo, conquistar benefícios em favor do próximo.

Quando fui convidado para escrever o livro "*A coragem dos vencedores*" que marcaria os setenta e cinco anos de luta e coragem dessa organização sindical, tão importante para milhares de pessoas, fique pensando: como seria escrever sem contar um pouco sobre esses personagens que fazem a grande diferença na vida das pessoas? Assim, não basta dizer que somos fortes, que temos coragem se não nos despojamos do medo de servir e do comodismo devastador. Porém, a cada passo que esses personagens vivos e atuantes vão dando, o progresso vai se fazendo presente, pois não há quem realmente progrida sozinho, onde haja sofrimento e dor, decepção e tristeza. Não! Não conseguiremos ser felizes se ao nosso lado alguém nos pede apoio, para estendermos as mãos para livrá-lo da inércia ou do abatimento causados pela desigualdade e pela injustiça social. Só mesmo alcançaremos o sucesso quando conquistarmos a nós mesmos, quando fizermos pelos outros aquilo que queríamos que nos fizéssemos.

Assim, seria muito simples contar os episódios de lutas dessa organização sindical sem esse desafio, sem esse compromisso para com os leitores. No entanto, estaríamos cometendo uma injustiça se não contássemos um pouco da *coragem dos vencedores*. A coragem que faz nascer a esperança no coração descrente — a mesma que faz acontecer a fé na vida e em Deus.

Dessa forma, ao conhecer as histórias de cada personalidade que estão à frente dessa instituição acreditaremos realmente que *a coragem dos vencedores* é muito diferente da coragem de ter e ser sem o compromisso de levar melhores condições de vida e de trabalho para quem tanto precisa para crescer e ser feliz.

Boa leitura!
RICARDO MAGALHÃES
Primavera de 2013

1

O Perfume e o Aparelho de Tv Quase Comunitário

"Criatividade é inventar, experimentar, crescer, correr riscos, quebrar regras, cometer erros e divertir-se."

Mary Lou Cook

Num supermercado movimentado de campinas, interior de São Paulo, enquanto as pessoas faziam suas compras, um garoto de aproximadamente doze anos, pele morena, magro e de cabelos pretos olhava, demoradamente, uma prateleira do setor de perfumaria. Seus olhos eram ligeiros, vivazes... Enquanto seu olhar percorria as gôndolas, de vez em quando, olhava para os lados para verificar se não estava sendo vigiado. Após se certificar de que não era notado, voltava à sua busca até encontrar o que procurava. Deu alguns passos adiante, inclinou o corpo para frente e pegou, cuidadosamente, um pequeno vidro de perfume. Retirou a tampa e o levou ao nariz. Fechou os olhos e o aspirou. Abriu os olhos, lentamente, contraiu os lábios e fez um gesto afirmativo com a cabeça.

– "É este mesmo!" – Sussurrou o garoto.

Olhou novamente para os lados e começou a burrifá-lo pelos braços, pescoço e rosto. Olhou mais uma vez para os corredores e burrifou-o com a mão direita, a mão esquerda, uma, duas, três vezes e recolocou a tampa no vidro, devolvendo-o à prateleira. Esfregou as mãos intensamente e passou-as pelos braços e rosto. De repente, virou-se assustado.

– O que o garoto está fazendo? Posso ajudá-lo? – questionou, desconfiado, o segurança do estabelecimento. O homem surgiu repentinamente.

O rapazinho ficou estático.

– O que foi, garoto, perdeu a língua?

– Não! Eu... Estava vendo o preço de um perfume para o meu pai – respondeu, desconcertadamente, o menino.

– O preço?

– Sim, senhor! – respondeu sem hesitar.

O homem, aspirou profundamente o ar e disse:

– Você está bem cheiroso, garoto! Andou usando algum perfume da prateleira?

– Não, claro que não! – disse firmemente. O homem ficou em silêncio por uns instantes, consultando a memória.

– Eu já o vi aqui outras vezes? – questionou-o, intrigado.

– Pode ser, sim, pois eu venho aqui para comprar perfume e creme de barbear para o meu pai, mas, hoje, não levarei nada – concluiu o garoto, enquanto saía rapidamente.

– Até logo, senhor!

O segurança do supermercado virou-se e acompanhou, com os olhos, o menino indo embora. Virou-se para a prateleira e ficou aspirando os vidros de perfumes, à procura do cheiro que ficou no ambiente.

O garoto, na rua, seguiu em passos largos, ao mesmo tempo em que sorría, feliz.

O sol estava se pondo e logo a noite chegou trazendo um clima agradável.

Numa rua calma e residencial, havia uma casa de fachada moderna, pintada de azul e branco, a que mais chamava a atenção pela construção bem cuidada. Na calçada, em frente à residência, havia várias cadeiras e alguns bancos que foram colocados pelo proprietário, para que a vizinhança assistisse à televisão preto em branco de 29 polegadas, colocada na janela da casa.

Na década de 70, quem possuía um aparelho de TV, era considerado rico.

As pessoas começavam a chegar e a se sentar. Na primeira fileira de cadeiras, lá estava sentado o menino do perfume cheiroso. Bem perfumado, ele estava impecável: cabelos bem cortados e trajava camisa branca de mangas curtas e calça de brim. E, nos pés, calçava o único par de sapatos que tinha. Embora já gastos, estavam bem engraxados e lustrosos.

Além dos adultos, meninos e meninas faziam, ali, quase todas as noites, um ponto de encontro.

No ar, uma fragrância agradável envolvia o ambiente. Nas cadeiras de trás, os comentários:

– Zé, você está sentindo um cheiro de perfume? – cochichou Chico, no ouvido do colega.

– Estou sim. É o Marcão novamente usando o mesmo perfume. O cara só anda cheiroso... – arrematou, admirado.

– É... Eu apenas queria saber, – *como ele faz para comprar esse perfume?* – questionou, inconformado, Zezinho.

– Sei lá! Apenas sei que ele só anda assim... *cheirando a Patchouli.*

De repente, surge à porta da casa azul e branca um homem alto, magro, pele alva, rosto fino e nariz ossudo. Possivelmente, já passara das quatro décadas e meia de vida. Embora jovem, já apresentava uma calvície marcante. Seu semblante era alegre e seus olhos transmitiam solidariedade.

– Boa noite! – saudou com entusiasmo o senhor Cabral – Fico feliz por tê-los aqui em mais uma noite tão bonita! – arrematou, solícito – Mas, agora, vamos deixar de conversar e vamos assistir à televisão, não é mesmo?!

– E o danado é que o perfume é caro! – murmurou Zezinho, renitente, no ouvido de Chico.

– Psiu! Fique quieto agora, Zé – chamou a atenção, o colega.

Por alguns instantes, o silêncio instalou-se no ambiente e todos observavam, sem piscar, o senhor Cabral, em pé, à frente daquele aparelho que era um espetáculo.

Esperadamente, ouve-se um "click" do botão. A televisão, enfim, foi ligada e o som eclodiu, quebrando o silêncio que já era interminável para os espectadores atentos. Foi exatamente no momento em que a voz, entonada, anunciou:

– "Estamos apresentando..." Neste instante, a música "I Giorni Dell´Ira", de Riz Ortolani & His Orchestra, ecoou, marcante, nos ouvidos sequiosos por fortes emoções.

– ..."Irmãos Coragem"! – Concluiu o locutor, vibrantemente.

Todos, impulsivamente, soltaram a voz num "aê!", ao mesmo tempo em que se entreolharam, emocionados.

Era a estreia, no horário das oito, na TV Globo, de *Irmãos Coragem*, novela de Janete Clair, dirigida por Daniel Filho e Milton Gonçalves, trazendo no elenco: Tarcísio Meira, Glória Menezes, Cláudio Marzo, Regina Duarte, Cláudio Cavalcanti, Lúcia Alves, Glauce Rocha, Gilberto Martinho, Zilka Salaberry e quase todo o elenco de teledramaturgia da Globo à época.

Ao lado de Marcos, estava sentada, uma garota da mesma idade que se encantara com o rapaz e seu cheiro de Patchouli.

2

Sonhos de Menino

"Sonhar é acordar-se para dentro."
Mario Quintana

Certa manhã, o menino Marcos acordou com um pensamento que o acompanhou durante todo o dia.

– "Preciso arrumar um trabalho e começar logo a ganhar o meu dinheiro, mesmo que meu pai não deixe... preciso de uns bons trocados. Já tem muita gente nas costas dele, não é justo eu ficar pedindo dinheiro... Além disso, voltarei àquele supermercado, mas para comprar o perfume!" – pensava, decididamente, o garoto, ainda sentado na beira da cama.

A família de Marcos era numerosa. Além

dos irmãos, moravam com ele mais dois primos. Seu pai era trecheiro e não era fácil manter toda a sua família.

O garoto já despertava, na consciência, uma realidade de todos os dias e pensava como ganhar algum dinheiro e preparar-se para o futuro.

Subitamente, entra no quarto o seu genitor. Semblante tranquilo, estatura mediana e de traços marcantes; o seu nariz era arredondado e a sua pele morena.

— Filho, bom dia! — Saudou à porta, amistosamente, o senhor Braz.

— Bom dia, pai! — respondeu, carinhosamente, o rapaz.

— Andei pensando... — começou a dizer com ar de suspense o pai afetuoso.

— Pensando em quê, pai?

— Ué! Em que eu deveria pensar, meu filho?! — Questionou-o, tranquilamente. Em seguida, senhor Braz completa:

— No que você me pediu, ora! Não se lembra mais, Marcos? — Concluiu.

O garoto pensou por um momento.

– Ah, sim, para o senhor me deixar trabalhar?

– Isso... isso mesmo! – confirmou o pai, sentando-se ao lado do filho.

– Pensei e conversei com sua mãe a respeito disso.

Senhor Braz fez uma pausa e continuou, desapontado:

– Sei que quer trabalhar para ter seu próprio dinheiro... mas veja, Marcos, você é muito menino, precisa estudar... é uma criança ainda! – Se trabalhar, pode prejudicá-lo na escola! Isso não é justo, entende?

O garoto ficou pensativo e tentou argumentar:

– Pai, por favor, deixe-me ganhar meu próprio dinheiro. Vejo a dificuldade com que o senhor tem de custear as despesas de nossa família e, se eu conseguir arrumar algum trabalho, será menos um para o senhor preocupar-se, não acha?

Por um momento, o silêncio instalou-se no ambiente. Pai e filho entreolharam-se, carinhosamente, à procura do entendimento.

— Filho, — retomou o pai de Marcos — é como eu já lhe disse: *você é um garoto ainda.* Agora, do que você mais precisa é estudar, preparar-se e, quando chegar a hora, você irá trabalhar.

— Pai, — recomeçou o rapazinho em sua justificativa convicta — eu quero ganhar o meu dinheiro apenas. Posso trabalhar e ganhar uns bons trocados. Posso juntar e comprar minhas coisas, entende?

— Perfume? — Questionou senhor Braz, fazendo graça — Sua mãe contou-me que você agora apenas anda cheiroso... onde arrumou o perfume?

Marcos sorriu meio desconsertado e continuou a sua argumentação:

— Ah, pai, isso é uma longa história. Mas o que importa é que quero trabalhar. — Insistiu o garoto. — E outra, pai, não prejudicará em nada na escola, pois não serão todos os dias.

— E onde será esse lugar que não precisa trabalhar todos os dias? — Questionou-o novamente, com graça.

– Na feira – respondeu rapidamente, o garoto.

– Na feira?! – Questionou o pai, cruzando os braços, em sinal de admiração.

– Sim, pai, na feira. Lá eu carrego as compras das madames e ganho uns bons trocados.

Senhor Braz descruzou os braços e passou a mão pelo rosto, pensou por um momento, depois outro e, antes de argumentar, ouviu compadecido o pedido do filho querido:

– Pai, fique sossegado. Eu já posso fazer isso. Serão apenas um ou dois dias por semana e, além disso, garanto que não vai me atrapalhar em nada. Por favor, pai, deixe-me ganhar uns bons trocados – concluiu, com os olhos marejados de lágrimas.

Senhor Braz sorriu suavemente e o abraçou com carinho e admiração.

O menino logo começo o seu trabalho na feira próxima de sua casa, carregando as compras das pessoas, com determinação e coragem. Assim, o menino de muitos sonhos seguia ganhando suas boas gorjetas e, nos encontros das noites, para assistir à televisão do senhor Cabral, lá estava ele, devidamente perfumado e todo orgulhoso, pois o perfume, agora, ele conseguira comprar.

3

Aprendizado Relevante

"Os sete pecados capitais responsáveis pelas injustiças sociais são: riqueza sem trabalho, prazeres sem escrúpulos, conhecimento sem sabedoria, comércio sem moral, política sem idealismo, religião sem sacrifício e ciência sem humanismo."

Mahatma Gandhi

A noite estava fria e Marcos resolveu ir para cama mais cedo. Estava cansado naquele dia e muito pensativo. Deitado, o menino ficou relembrando a aula que tivera sobre política e as ações dos movimentos grevistas no cenário brasileiro.

Seu pensamento era todo voltado para entender a situação em que o Brasil vivia, entre contradições sociais, políticas e a grande atuação do regime militar com suas duras restrições na vida da sociedade daquela época, além de promover o medo e a revolta. Porém, se por um lado tinham os que não acreditavam num povo livre e democraticamente atuante, havia aqueles que, com coragem e luta edificante, acreditavam num Brasil melhor e mais justo.

O menino Marcos, relembrando aquele momento de aprendizado que marcaria a sua trajetória de vida, por um instante, em sua tela mental, regressou à sala de aula e reviveu cada segundo com muita emoção.

Durante a aula, fez perguntas pertinentes e argumentou com entusiasmo ao professor da matéria, OSPB[1]. O garoto, manifestava interesse pelas questões sociais e políticas do país. Vinha acompanhando as notícias da repressão militar e as greves que eram consideradas pelos patrões, não como uma questão social, mas como caso de polícia.

---

[1]OSPB (Organização Social e Política Brasileira) Disciplina que, de acordo com o Decreto Lei 869/68, tornou-se obrigatória no currículo escolar brasileiro a partir de 1969. Entretanto, a matéria foi abolida da grade de disciplinas obrigatórias no início da década de 90, que era um conjunto de normas e condutas para formar cidadãos.

– Professor Basílio, o senhor pode explicar mais sobre a greve, como ela surgiu e sua função? – Perguntou, interessado, o garoto.

– Bem, Marcos... – começou o professor, motivado pela única pergunta da aula – As primeiras manifestações grevistas surgiram influenciadas pelas ideias anarquistas e socialistas, que movimentavam as lutas operárias em outros países. Lutavam-se tanto por melhores condições de trabalho, quanto pela igualdade social. Em outras palavras: por direitos iguais para uma sociedade mais justa – enfatizou com firmeza o educador.

– Professor Basílio, e os trabalhadores... o que pensam das greves? – questionou o rapaz com sede de conhecimento.

A classe estava em completo silêncio. Marcos permanecia em pé, aguardando as explicações. O professor, avaliando a pergunta do aluno sequioso por saber, percorreu os alunos com seu olhar tranquilo, observando que permaneciam estáticos com a evolução do assunto, respondeu serenamente:

– Meu caro, no setor trabalhista, a greve é

utilizada como último recurso durante as negociações entre empregados e patrões. Portanto, faz-se greve para alcançar o equilíbrio, para se obter benefícios, por que, se estivesse tudo bem para os operários, qual seria o outro motivo da paralisação? Alguém poderia tentar explicar, qual seria o outro motivo? — concluiu, o educador, procurando chamar os alunos à reflexão.

— Acho que não teria outro motivo, a não ser, melhores condições — disse a aluna Maria, sentada ao lado de Marcos.

Novo momento de silêncio instalou-se na sala de aula.

— Isso mesmo, Maria! Ninguém reivindica benefício que já o possua, certo? Porém, quando não se tem outro recurso, cruzando os braços e deixando de produzir, os trabalhadores causam prejuízos às empresas, e, dessa maneira, forçam os empresários, os patrões, a atender suas reivindicações ou, no mínimo, a lhes fazer concessões — completou firmemente o professor Basílio.

— Professor, baseado no que meu pai me

diz e pelo que todo o mundo vê, os trabalhadores, de um modo geral, estão sempre em deficiência com relação ao custo real de vida, a saúde, a educação e por aí vai... – retomou Marcos, inteligentemente.

E antes que o professor pudesse fazer suas considerações, o rapaz arrematou com mais uma pergunta, dando testemunho de sua indignação juvenil, por presenciar, em sua própria casa, a luta de seu genitor para custear sua família, com muita dificuldade.

– É muito desinteresse mesmo, professor! Os patrões não precisariam de ter qualquer prejuízo, se não fossem tão omissos para com as necessidades de seus empregados e tão egoístas no tocante às melhoras sociais! – desabafou, com emoção, o rapaz, acompanhado atentamente por seus colegas e pela admiração de seu mestre.

O silêncio de reflexão coletiva foi quebrado pelo aluno que continuou seu desabafo.

– Eu vejo isso acontecer lá em casa – disse, franzindo a testa e com seus olhos bem abertos. – Meu pai é trecheiro e está, de tempos em tempos, trabalhando em cidades diferentes. Longe de todos nós, trabalha de sol a sol para nos manter com muito sacrifício. E apenas o vejo trabalhar todos os dias por muitas horas com pouco tempo para o descanso. Sem contar que, seu salário é muito menos do que ele necessita e aquém do que ele merece.

O professor ouvia sem piscar o filho do senhor Braz participar com emoção, racionalismo e sensibilidade, de um dos maiores problemas brasileiros: a desigualdade socioeconômica.

O rapaz continuava em pé, sob os olhares expectantes de seus colegas, quando concluiu com mais uma pergunta:

— Professor, eis minha última pergunta: Como os trabalhadores podem conseguir melhorar suas condições profissionais e oferecer uma vida digna para suas famílias, diante de tantas dificuldades de entendimento por parte dos empresários e do governo?

O professor Basílio, que havia se sentado, levantou-se lentamente, pensou por um momento, depois outro e respondeu pausadamente:

– Marcos, meu caro, há somente um caminho para se fazer ouvir a voz do trabalhador, que é pelo movimento organizado. No caso dos operários de todos os setores, a fundação de instituições sindicais e de periódicos da classe a que pertença faz a grande diferença. Digo a você, meu rapaz, que surgiram manifestações e greves em vários Estados, destacadamente em São Paulo, onde se concentra o maior número de indústrias do país, por causa da organização.

Há muito tempo, mais precisamente no ano de 1907, a Capital Paulista foi paralisada por uma greve que reivindicava a jornada de oito horas diárias de trabalho. A manifestação acabou atingindo diversas cidades do Estado, como Santos, Ribeirão Preto e Campinas.

– Caramba! – gritou Luiz, no fundo da sala – Então se trabalhava muito mais do que oito horas por dia, professor?

– Muito mais! Cerca de quatorze horas... –

respondeu com entonação na voz, o mestre da matéria.

– Um pouco mais adiante – retomou o professor –, em julho de 1917, aconteceu uma grande e importante greve em São Paulo, na maior tecelagem do país, localizada num dos bairros mais tradicionais da Capital Paulista, a Mooca. A tecelagem Cotonifício Crespi estava instalada na rua dos Trilhos, muito conhecida daquele bairro. Naquela ocasião, com a morte de um sapateiro pela polícia, ampliou-se o movimento e a adesão chegou a cinquenta mil pessoas, incluindo servidores públicos, paralisando, assim, a maior cidade do país.

– Minha Nossa Senhora! – Gritou, no canto esquerdo da sala, mais um colega de Marcos, o Almir – Cinquenta mil pessoas! Nossa Senhora... é gente que não acaba mais!

– Pois é... – completou o professor, satisfeito com o resultado da aula.

E, assim, seguia Marcos, relembrando aquele momento importante na sala de aula, quando, de repente, sua mãe surgiu à porta:

– Filho? Ainda está acordado? – Perguntou dona Alice com a voz terna.

O garoto tomou um susto, pois parecia estar dormindo acordado. Não percebera o tempo passar.

– Marcos, você precisa dormir, filho, amanhã terá outro dia cheio. Deite-se, agradeça e rogue a Deus saúde e paz. – instruiu-o com ternura e zelo a mãezinha querida.

O rapaz deitou-se resignadamente e sua mãe o cobriu com carinho, sussurrando em seu ouvido:

– Marcos, a mamãe o quer muito bem. Agora, durma, filho.

E beijando-o carinhosamente, concluiu?

– Deus o abençoe e São Jorge o proteja – desejou dona Alice, ao mesmo tempo em que olhava a imagem do santo sobre uma mesinha encostada à parede.

Junto à imagem, por detrás dela, havia uma pequena lâmpada de cor lilás, que estava acesa, mas com pouca claridade.

A mãesinha atenciosa saiu e desligou a lâmpada do quarto. O ambiente ficou com uma leve e serena claridade, projetada da imagem de São Jorge. Os outros irmãos de Marcos já estavam adormecidos.

O silêncio ajudou o rapaz a orar com emoção, em voz baixa, quase sussurrando:

— Deus meu, senhor da vida. Dê-me força para ajudar os meus pais e a um dia ajudar outras pessoas em suas necessidades. Hoje, aprendi um pouco mais com a dura realidade de nossa gente.

— Ajude, Senhor, a fim de que a injustiça social possa diminuir em nosso país. Lance no coração dos homens que detêm o poder uma semente de fraternidade para que aprendam a enxergar as dificuldades dos menos favorecidos e daqueles que trabalham de sol-a-sol, engrandecendo nosso Brasil, como o meu pai.

E concluiu:

— Ajude, Senhor, para que um dia os empregadores respeitem as organizações de classe nas reivindicações de benefícios e reconhecimento para melhores resultados, sem que precisem de greves. Obrigado, Senhor! Assim seja.

Marcos silenciou-se, fixando o olhar na imagem de São Jorge sobre a mesinha. Após alguns minutos, seus olhos foram ficando pesados. E, num lampejo, surgiu em sua mente a figura de um pobre menino trabalhando em uma feira. Parecia triste. Viu-lhe a dificuldade em seu rosto. À primeira vista, Marcos não o conhecia. Quem era aquele menino? Estava sonhando?

O rapaz esfregou os olhos e balançou a cabeça, buscando despertar. Estava dormindo ou acordado? Fechou novamente os olhos e os abriu em seguida, obsevando que tudo estava como antes. Seus irmãos continuavam dormindo. O silêncio era total e tudo parecia inanimado. De repente, Marcos vê outros meninos em condições e lugares distintos. Novas visões assaltavam a sua mente. – "O que está acontecendo, afinal?" – Pensava o rapaz. – "Quem são esses meninos?" – "O que buscam?"

4

O MENINO QUE QUERIA ESTUDAR

"Devemos gerar coragem igual ao tamanho das dificuldades que enfrentamos."
Dalai Lama

O dia ainda não havia clareado. Era próximo das cinco horas da manhã, quando os feirantes estavam finalizando a montagem das barracas para a feira de Guarabira, conhecida cidade do interior da Paraíba, a cerca de noventa e oito quilômetros da Capital João Pessoa.

Guarabira é conhecida por *Rainha do Brejo* em razão de ser a principal cidade numa região com grande regularidade de chuvas.

O dia vem surgindo e, junto com ele, o grande movimento das pessoas na feira. Um homem de meia-idade, pele clara e bem calvo, descarrega, sozinho, as últimas caixas de laranja, quando é chamado por uma voz juvenil.

– Senhor João, bom dia! – Cumprimentou um menino na rua.

– Bom dia, garoto! Caiu da cama? – Saudou-o, fazendo graça, o comerciante, enquanto seguia descarregando as caixas.

– O senhor lembra-se de mim? – completou, o rapazinho.

O homem parou por um momento o que estava fazendo e olhou determinadamente o menino em baixo, aguardando sua resposta.

– Mas é claro de que me lembro! Você não é o menino Ornilo, que quis saber se estou precisando de um ajudante?

– Isso mesmo, senhor João... E então, precisa? – Perguntou o pequeno Ornilo, com grande expectativa.

– O que você acha, Ornilo? – respondeu sorrindo, ao mesmo tempo em que passava o dedo indicador curvado na testa, mandando o suor para longe.

O menino magrinho, de seus treze anos de idade, rosto fino, pele morena, olhos pretos e grandes trazia no olhar uma tristeza que não conseguia disfarçar. Estava trajando uma camisa xadrez de mangas curtas, uma calça cáqui pula brejo e sapatos velhos que, por dentro, colocara, em cada par, pedaços de papelão para protegê-los dos furos.

O garoto trazia na mão direta uma pequena sacola com algumas peças de roupas velhas.

– Então, senhor João, aceita-me como seu ajudante? – perguntou ansioso o garoto.

– O que posso fazer?! Estou precisando de alguém para me ajudar nas feiras... Mas será que você vai aguentar o repuxo?

Ornilo franziu a testa e respondeu rapidamente:

– Estou acostumado com isso! O senhor não vai se arrepender. Posso ir com o senhor em todas as feiras – concluiu, esperançoso.

O senhor João pensou, refletiu e questionou, preocupadamente:

– O que você está me dizendo, menino?! E sua família?

O rapazinho hesitou por uns instantes e argumentou:

– Senhor João, na verdade, quero ir embora da casa de meu pai. Ele não gosta de mim – revelou, com tristeza no olhar. – Ele me maltrata e não me deixa estudar. Apenas quer que eu trabalhe e entregue o meu dinheiro para ele. Se não dou, ele me bate. Por isso, quero ir embora – concluiu o menino, penosamente.

O feirante ouviu compadecido e desceu do caminhão.

– Bem, Ornilo, como você mesmo percebeu, preciso de alguém para me ajudar, mas, você é um menino ainda, não acho certo levá-lo comigo. Apesar de tudo que me contou, você tem uma família... Se for para ajudar-me aqui, em Guarabira, pago-lhe um bom dinheirinho, mas levá-lo para outra cidade sem autorização de seus pais, não posso. – concluiu seriamente o senhor João, ao mesmo tempo que o consolava, batendo-lhe com a mão direita no ombro, amistosamente.

De repente, alguém chama pelo garoto ao longe.

– Ornilo? – gritou uma voz de um homem que vinha se aproximando, apressadamente.

– Ornilo, eu o estava procurando, menino! Maria contou-me que você quer ir embora de casa? Que negócio é esse, moleque? – Ralhou o tio de Ornilo, severamente.

O pobre rapazinho perdeu sua mãe quando tinha apenas oito anos de vida. Ornilo era o primogênito dos cinco filhos de dona Euvira e senhor Severino. Infelizmente, sua mãezinha morrera no parto do sexto filho. Seu pai casara-se novamente e teve mais três filhos. Apesar da madrasta de Ornilo tratá-lo bem, seu pai passou a maltratar os filhos da primeira união. O menino Ornilo, por ser o mais velho da turma, sofria mais com a perseguição do pai.

Após a chegada do tio de Ornilo, irmão de sua mãe, em seguida chega o pai de sua madrasta, dá testemunho do sofrimento do pobre garoto e o apoiou a ir embora.

A discussão seguiu entre seu tio Chico e o pai de sua madrasta, até chegarem a um acordo: o menino Ornilo iria morar com o avô e o tio Francisco na roça, próximo de Guarabira.

E, assim, o menino que queria estudar, foi morar na roça outra vez. Lá, ele não tinha como aprender, pois não havia escola. Ornilo ficou na roça até quase dezoito anos de idade, quando foi para a Capital Paraibana, João Pessoa, e, lá, se alistou na intenção de servir as Forças Armadas, mas, por causa de seu físico franzino, o dispensaram no ano seguinte.

Em João Pessoa ficou na casa de uma tia e, por lá, ficou uns dois meses à procura de emprego, mas, sem sucesso. Além de não ter experiência alguma fora da roça, não tinha estudado o suficiente para conseguir uma colocação no mercado de trabalho. Ornilo vivia uma dura realidade: a falta de instrução escolar.

No entanto, Ornilo sonhava em poder estudar e ser feliz; sonhava em poder crescer na vida e, um dia, ajudar os outros que, como ele, não tiveram uma oportunidade para melhorar sua vida e poder contribuir para um país melhor.

Ornilo encontrou um conhecido da família que estava em João Pessoa e que iria voltar para o sertão, mais precisamente, para uma cidade de nome engraçado, São José da Lagoa Tapada[1]. Lá, Ornilo foi trabalhar numa fazenda, a do senhor Pedro Braga, como serviçal.

Novamente, lá estava o menino que queria estudar no serviço braçal sem poder aprender nos recursos escolares, para sonhar com um futuro melhor para si e poder ajudar outras pessoas.

Na fazenda, permaneceu apenas por alguns meses. Como não tinha escola, ele resolveu demitir-se e ir para Cajazeiras[2] à procura de um outro emprego e poder, enfim, estudar. Ornilo pegou um caminhão que transportava pessoas, conhecido como "caminhão misto", e foi embora à procura de seu maior anseio.

---

[1] Na época em que o rapaz Ornilo esteve trabalhando na fazenda, entre 1962 e 1963, próximo a São José da Lagoa Tapada, não havia escolas. Atualmente, o Município conta com vários estabelecimentos escolares. Sua economia está baseada na agricultura e pecuária, principalmente pelo cultivo sasional de milho, feijão e de arroz no período das chuvas de janeiro a meados de junho. Na seca a produção de rapadura obtida através da cana-de-açúcar é a grande responsável pelas rendas no período.

[2] Economicamente, o setor terciário é sua principal fonte de renda, tendo o comércio e os serviços como importantes atividades econômicas. Desmembrado do Município de Sousa em 1863, o nome "Cajazeiras" faz referência a uma fazenda fundada no século XVIII, por Luiz Gomes de Albuquerque, onde existiam várias cajazeiras, árvores que produzem o cajá, plantadas. Nota da editora - Fonte: Wikipédia

Após longa e exaustiva procura em Cajazeiras, nova decepção: não conseguiu o tão procurado emprego. Desanimado, parou numa pequena praça, sentou-se num banco e lá permaneceu por cerca de trinta minutos.

Ficou ali, sentado, por mais alguns minutos, matutando, como resolveria aquela situação.

– "Quem sabe o socorro vem dos céus?" – Pensou o rapaz.

Seu olhar buscava, tristonho, um caminho para seguir, mas que fosse na direção do que mais desejava. Ornilo ergueu, por alguns instantes, seu olhar para o Céu e o contemplou, pensando em Deus. Foi voltando sua visão para a cidade que avistou, ao longe, a torre da Catedral de Nossa Senhora da Piedade e seu grande relógio, marcando 17h10. Ornilo consultou imediatamente o seu pequeno relógio no pulso.

– Minha nossa! Exatamente igual ao meu – disse, para si mesmo, o rapaz. Parecia que tinha acertado os ponteiros do seu relógio com o grande e alto relógio da Catedral. O jovem

Ornilo ficou pensativo por um ou, talvez, dois minutos, e disse, fervorosamente, para si mesmo:

– É isso mesmo! Vou rezar e pedir para Deus me ajudar...

Depois, levantou-se e seguiu em passos firmes na direção da Igreja.

Seus passos eram largos e determinantes. Seu olhar, fixo, mirando a grande Paróquia da fé de Cajazeiras, encheu-lhe a alma de coragem e esperança.

5

Novos Tempos

"A vida é cheia de decisões difíceis. Os vencedores são aqueles capazes de tomá-las".
Roger Stankewski

Marcos desperta sem saber o que tivera acontecido naquela noite. Parecia um filme que se passou em sua mente, em que meninos, ainda como ele, também trabalhavam, lutando pela superação do desequilíbrio social.

– "Quem eram eles?" – "Que força que os mantêm lutando?" – Perguntava-se insistentemente o garoto Marcos.

Mas o tempo se passou *ligeiro*, como se diz no Nordeste, e o menino tornou-se rapaz. Da feira, como carregador de sacolas das madames e vendedor de frutas, a ajudante de serralheiro, quando contava quatorze anos. Aos dezesseis, recebeu o seu primeiro registro em sua carteira de trabalho, como montador de serralheria. E o tempo seguiu célere e, após o serviço militar obrigatório, o rapaz foi trabalhar como montador industrial, o que se tornou a sua profissão definitiva.

Não demorou muito tempo e Marcos fez o que seu pai fazia costumeiramente: "correr trecho", trabalhando de sol a sol, como ele mesmo contou para seus amigos e seu mestre na escola em Campinas. Agora, seguia ele o mesmo caminho percorrido pelo pai – difícil, mas que lhe daria uma importante experiência que o ajudaria, não só na formação profissional, mas, sobretudo, na contribuição para o seu desenvolvimento social.

Foi de São Paulo ao Rio de Janeiro, do Rio, voltou para sua cidade natal, Recife, onde trabalhou por dois anos, aproximadamente. De Pernambuco, ao Estado do Paraná e, de Curitiba, voltou ao Estado de São Paulo. Da cidade de Limeira, foi direto para Brasília, em Sobradinho, onde ajudou a construir uma unidade da fábrica de cimento Santa Rita, naquela época, do Grupo Votorantim.

No Rio de Janeiro, Marcos trabalhou em uma plataforma de petróleo da Petrobrás, na cidade de Macaé[1].

Marcos se encantara com aquela cidade, conhecida como "Princesinha do Atlântico" e "Capital do Petróleo Brasileiro". Em seus momentos de descanso que passou embarcado na plataforma de petróleo, ficava admirando o mar com seus 23 quilômetros de litoral. Lá, seu pensamento voava, sereno. Seus colegas percebiam a grande admiração pelo lugar. Foi, então, que o colega Roberto, observando que Marcos se deleitava através do olhar,

---

[1] Macaé está situado a 180 quilômetros a Nordeste da Capital Rio de Janeiro. O nome do Município é uma referência ao Rio Macaé. Não restam dúvidas de que esse é um vocábulo de origem indígena. A partir de 1974, com a descoberta de petróleo na Bacia de Campos, o Município, que permanecia rural, começou a sofrer profundas mudanças em sua economia e cultura, recebendo grande quantidade de pessoas de várias partes do país e do mundo, a fim de atender a crescente demanda dessa cidade por mão-de-obra especializada.

imperturbável, na imensa paisagem marítima, o colega, comentou, fazendo graça:

– Rapaz, eu daria meu suado salário apenas para saber o que você está pensando... – Disse, sorrindo, o amigo.

Marcos não tomou conhecimento do comentário e continuou estático. Foi aí que o colega observador profetizou, certeiro:

– Meu amigo, com essa admiração toda que você tem por este lugar, vou chamá-lo, a partir de agora, de *Macaé* – completou, batendo-lhe com a mão direita no ombro.

E, assim, o apelido recebido na plataforma de petróleo da Petrobrás, o até então, companheiro de trabalho, Marcos, passou a ser conhecido, carinhosamente, por *Macaé*.

O tempo correu célere e, junto com ele, o pernambucano de Recife que ganhara o apelido carinhoso do nome da cidade do litoral carioca foi convidado para trabalhar em Santos: a maior cidade do litoral paulista, considerada *palco histórico do movimento sindical*.

Após o convite, o jovem operário e idealista, Macaé, de vez em quando, tinha aquelas mesmas visões, ou será que eram sonhos? Nem ele mesmo sabia explicá-las.

Na noite anterior em que Macaé embarcaria rumo à baixada santista, deitou-se para descansar mais cedo. Cruzou os braços atrás da cabeça como travesseiro e seus pensamentos foram se reencontrando com os mesmos personagens de quando era um menino. Ficou olhando para o teto e recordando os momentos na escola em Campinas e as aulas do professor Basílio.

– "O que será que tinha mudado no cenário socioeconômico brasileiro até aquele momento?" – Questionava-se ele. – "Acho que, muito pouco ou, quase nada mudou para a classe operária." – Concluía. – "Os sindicatos precisam de mais força, mais ousadia para fazer valer os nossos direitos! Apenas assim as coisas podem mudar. Do contrário, será muito difícil..."

E, assim, seguiam suas reflexões sobre o assunto, até que sentiu sonolência e seus olhos pesaram. E, entre um pensamento e outro, parecia ouvir uma voz oculta que informava sobre os que, no passado, iniciaram a luta em benefício dos trabalhadores nos diversos setores do desenvolvimento industrial.

Macaé foi sentindo o peso do cansaço e do sono, mas seguiu pensando. "E em Santos, como será, e como foi no passado?" – Perguntava-se, curioso.

De repente, parecia estar lendo uma notícia de um jornal local cuja ano era 1907: "*Construção civil conquista, com muita luta, a jornada de 8 horas*" – Esse era o título da matéria que trazia, no contexto, a seguinte informação:

"Estamos em maio de 1907 e nossa campanha pela jornada de trabalho diária de oito horas para os trabalhadores da construção civil de Santos sai na frente. Após a preparação da pauta de reivindicações, foi enviado para os patrões que se recusam a recebê-la. Assim, pedreiros, carpinteiros, modeladores e pintores reuniram-se na sede da Sociedade Primeiro de Maio, no dia 27 de maio de 1907, e decidiram entrar em greve a partir de terça-feira, dia 28. A greve só terminou no dia 07 de junho com a conquista da jornada de oito horas. A vitória, enfim, foi conquistada pela luta e coragem dos vencedores." – Dizia o texto da notícia.

Macaé esfrega os olhos com as costas das mãos e levanta-se num impulso. "Meu Deus! Será que estou sonhando, ou li essa notícia em algum lugar e estou relembrando agora?" – Pensou assustado o operário, sem entender o que estava acontecendo. Ficou sentado na beira da cama por alguns instantes e voltou a deitar. Novamente, o texto da notícia continuava a informar.

"Foi durante os movimentos em Santos que, militantes e grevistas tiveram muito trabalho. Impedidos com truculência pela força policial da cidade, de fazer piquetes, como não tinham mais alternativa, resolveram apelar, convencendo a família do *fura-greve*, e tentar sensibilizá-los. Porém, quando essa atitude não deu resultado, a saída foi esperá-lo perto de sua residência, e aí, *a borracha desceu.*"

Macaé, de olhos fechados, dormindo ou acordado, trazia, na mente, notícias e lembranças de pessoas, do presente ou do passado, que procurava reconhecê-las.

Repentinamente, surgiu-lhe a figura do menino que queria estudar. – "Onde estava ele agora?" – Pensou, ou sonhou, Macaé?!

6

A Coragem e a Fé

"A coragem é a primeira das qualidades humanas
porque garante todas as outras."

Aristóteles

Ao chegar à porta da Catedral, Ornilo fez o sinal da cruz e caminhou pelo corredor central lentamente, ao mesmo tempo em que seus olhos percorriam, admirados, o templo religioso, até parar em frente da grande cruz de madeira, suspensa no alto.

Ele ajoelhou-se, baixou a cabeça e fez novamente o sinal da cruz, sussurrando:

– A Sua Bênção, Senhor Jesus! – Silenciou-se por um, ou talvez dois minutos, e disse baixinho:

– Por favor, Senhor, ajude-me! Não sei mais aonde ir – confessou o pobre rapaz.

– Peço-lhe, por caridade, Nossa Senhora, que me ajuda a encontrar um lugar onde possa trabalhar e que me permita estudar. Tenho já dezoito anos e quase não sei nada... O que mais quero é poder aprender e, um dia, retribuir ajudando outras pessoas. Dê-me força para não esmorecer, Nossa Senhora da Piedade! – pediu com os olhos marejados de lágrimas.

Após a oração simples e sentida, Ornilo permaneceu ali por alguns minutos, ainda de joelhos. Repentinamente, sente tocarem-lhe o ombro.

– Boa tarde, rapaz! – Saudou o Padre da Catedral, sorrindo.

Ornilo levantou-se, rapidamente, e, em seguida, o cumprimentou beijando-lhe a mão.

– A bênção, Padre!

– Deus o abençoe, meu filho! Sou o Padre José. O que posso fazer por você, meu rapaz? – completou, com simpatia.

– Meu nome é Ornilo e estou procurando

emprego aqui em Cajazeiras para poder estudar. Eu apenas fiz o primeiro ano e quero voltar para a escola – revelou com emoção o rapaz, enquanto era atentamente ouvido pelo Padre.

– Eu estava sentado num banco numa praça, lá na frente, e quando avistei a Catedral, vim ligeiro pedir para Deus e para Nossa Senhora da Piedade me ajudar – contou, o jovem, esperançoso.

– Que bom, Ornilo! Seja bem-vindo! – Disse o sacerdote com a mesma simpatia.

– Venho procurando outro trabalho que não seja o da roça e não estou conseguindo, muito menos estudar que é o que mais quero – confessou o rapaz, tristemente.

– Na verdade, Padre, não consegui estudar por que meu pai não me permitiu – justificou, olhando para o chão. – Ele exigia que eu trabalhasse e não fosse para escola. Tinha que entregar todo o dinheiro para ele e, se não o entregasse, batia-me, impiedosamente – concluiu, ressentido.

O Padre acompanhou atentamente a narrativa de Ornilo. Refletiu, pensou por um momento e disse:

– Venha comigo até aquele banco, rapaz, e sente-se um pouco antes de ir embora. Quero dizer-lhe algumas palavras que podem ajudá-lo na vida – convidou, o religioso, compadecido.

Os dois sentaram-se calmamente no banco e o rapaz ouviu, atentamente, o bondoso representante da Igreja.

– Ornilo, na vida de todas as pessoas, sem exceção, para conquistarmos o que queremos, precisamos mais do que a oração, precisamos de fé atuante, a fé corajosa, a fé racional, que se baseia na razão. Portanto, a fé é a alavanca que nos impulsiona para o que buscamos. É como o cientista... – exemplificou com firmeza, o Padre. – Ele busca descobrir o recurso que cura a chaga, a moléstia do corpo físico e acha se tem fé consciente, racional, entende? – questionou, sabiamente.

– Entretanto, a fé sem a paciência de observar e de aprender com os próprios sofrimentos, é rio sem água, é missa sem oração. Vejo que nutre um certo ressentimento por seu pai.

Sei que tentou justificar a falta de estudo, de não ter frequentado a escola regularmente, por conta de ter sido injustiçado. Porém, a que se avançar sem ficar procurando culpados por nossos infortúnios, nem ficar procurando justificá-los. Devemos seguir o caminho, buscando aprender, não apenas nos estabelecimentos de ensinos acadêmicos, mas, sobretudo, nas escolas da vida, que nos permitem, quando bem aproveitadas, conquistar *a coragem dos vencedores*. Somente assim conseguiremos ajudar os semelhantes – disse o Padre, segurando com firmeza o braço de Ornilo, procurando impressioná-lo.

– Aí entra a fé em Deus, porque sabemos que tudo tem uma causa e uma função objetiva que nos faz evoluir, mais cedo, ou, mais tarde. Todavia, é preciso coragem, muita coragem para vencermos os nossos maiores inimigos: *o orgulho, o egoísmo e a presunção* – completou o sacerdote, seriamente.

Ornilo ouvia sem piscar a sábia narrativa, do Padre José.

– Permita-me, Ornilo, contar-lhe uma simples, mas importante história que ilustra muito bem tudo isso.

– Havia um menino que observava a sua avó escrevendo uma carta. Em certo momento, perguntou-lhe:

– Vó, a senhora está escrevendo uma história sobre a nossa vida? Ou, por acaso, a senhora está escrevendo sobre mim? – Questionou o menino, intrigado.

A avó, pacientemente, parou por alguns instantes de escrever, olhou por cima dos óculos o neto curioso e sorriu.

– Na verdade, estou escrevendo sobre você... – revelou a nobre senhora.

– Ah, sim. Que legal, vovó! – Disse feliz o garoto.

– No entanto, querido, muito mais importante do que as palavras que contam a sua história, é este lápis que estou usando – enfatizou, misteriosamente a avó.

E, mostrando o lápis para o neto, disse repuxando o lábil e balançando a cabeça positivamente:

– Zé, eu gostaria de que você pudesse ser como este lápis aqui, quando crescesse.

O menino José olhou intrigado para o lápis sem, entender e sem enxergar as suas qualidades intrínsecas e disse mexendo os ombros:

– Vó, não consigo ver nada de diferente nele; para mim, ele não tem nada de especial!

A nobre senhora sorriu, compreensiva, e explicou com sabedoria:

– Meu querido José, tudo vai depender de como você enxerga as coisas. Se observar atentamente, vai perceber cinco qualidades neste lápis, aparentemente simples, mas se você conseguir mantê-las, será uma pessoa que viverá em paz com o mundo e que estará se preparado para servi-lo, retribuindo à misericórdia Divina – revelou, inteligentemente, a senhora.

Nesse instante, Ornilo, que até aquele momento ouvia, estático a narrativa do Padre, ajeitou-se no banco e perguntou:

– Padre, desculpe-me interrompê-lo, mas o menino José da história por acaso é o senhor? – Questionou o rapaz, curiosamente.

O sacerdote, atencioso, sorriu discretamente e respondeu:

– Ornilo, a bem da verdade, isso não importa. O que realmente você precisa perceber é a fundamentação desse ensino, a fim de extrair dele o melhor para a sua existência e poder se ajudar. E vale dizer que, nesse particular, foi o próprio Cristo que nos advertiu, dizendo: "Ajuda-te e o Céu te ajudará." Portanto, ninguém conseguirá auxiliar positivamente os outros, se não conseguir ajudar-se a si mesmo — arrematou, seriamente.

— Assim, mais experiente e fortalecido, poderá contribuir em benefício dos seus semelhantes, na construção de um mundo melhor, como é o seu desejo, não é mesmo? — Questionou, explicando coerentemente o Padre. Entretanto, Ornilo não obtivera a resposta e continuou com a mesma curiosidade.

— Bem, como eu ia dizendo... A avó do menino José, com a sua sabedoria e paciência, revelou as cinco qualidades daquele simples lápis, com o qual estava escrevendo sobre o neto.

— Vamos à primeira qualidade... — começou ela. — Você pode fazer grandes coisas, mas não deve esquecer nunca que existe uma

Mão que guia seus passos. Essa é a mão de Deus, José, e Ele deve sempre conduzi-lo em direção à Sua vontade.

A segunda qualidade é que, de vez em quando, eu preciso parar o que estou escrevendo e usar o apontador. Isso faz com que o lápis sofra um pouco, mas, no final, ele está mais afiado. Portanto, procure superar as dores e as dificuldades sem lamentações, mas com fé e coragem, porque são elas que o farão ser uma pessoa melhor e mais preparada.

A terceira qualidade é a de que, o lápis sempre permite que usemos uma borracha para apagar aquilo que estava errado. Entenda que, corrigir algo que fizemos não significa necessariamente que seja ruim, ao contrário, é importante para nos mantermos no caminho da justiça e da compreensão.

A quarta qualidade é você entender o que realmente importa no lápis, que não é a madeira ou sua forma exterior, mas o grafite, que está dentro dele. Portanto, sempre cuide daquilo que acontece dentro de você, ou seja, com sua alma, sua essência divina.

Finalmente, a quinta qualidade do lápis é a de que, ele sempre deixa uma marca. Da mesma maneira, saiba que, tudo que você fizer na vida, bem como o que fizer para as pessoas irá deixar traços, bons ou maus. Por isso, procure ter consciência de cada ação. Entendeu, meu rapaz? – Concluiu o eclesiástico, com sabedoria.

Ornilo, estava surpreso, mas maravilhado com o que acabara de ouvir.

O silêncio tomou novamente conta do santuário de Nossa Senhora da Piedade. Ornilo, percorreu seu olhar calmo por volta da Catedral, refletindo, quando o Padre José retomou:

– Bem, Ornilo... espero que o tenha ajudado com minhas palavras, embora simples, mas, de todo o meu coração. Espero que você encontre o caminho de Deus, através do Bem Eterno e o retribua, ajudando outras pessoas por onde for, seja com palavras e exemplos edificantes, seja doando algum benefício material, ou mesmo lutando por um ideal nobre e que as beneficie. – Aconselhou o Padre José, com esperança no olhar.

– Ah, outra coisa, meu rapaz – lembrou-se o sacerdote, solícito. – Lembre-se sempre de que, na vida, ninguém realiza nada sozinho. Precisamos uns dos outros para crescermos em direção à felicidade, ao bem-estar mútuo.

– O próprio Cristo convocou doze homens e os tornou seus discípulos para divulgar a sua Obra Redentora. Foi por isso que Jesus, quando reportou-se ao feixe de varas, quis, na verdade, mostrar que, unidos, somos força, separados, somos apenas pontos de vistas sem importância. – Enfatizou, firmemente, o nobre vigário.

Ornilo, ouvia sem piscar os aconselhamentos do novo amigo de batina.

– Posso até estar errado, mas, vejo em seus olhos um coração fraterno e sincero. Não tema os percalços do caminho e se fortaleça com coragem, na fé robusta e racional. Estarei sempre orando por você – disse fraternalmente o Padre.

E finalizou, determinante:

– Trabalhe, acredite, siga fazendo o bem onde estiver e, um dia, encontrará homens de semelhantes sentimentos e coragem que se unirão a você, que, juntos, poderão lutar por dias melhores em favor dos outros.

Aquelas palavras finais soaram, nos ouvidos do jovem Ornilo, como uma premonição.

O rapaz estava atônito e, por alguns segundos, ficou pensativo. O silêncio instalou-se na Catedral, à semelhança de uma prece aos anjos do Céu, mas não durou muito. Uma voz feminina chamou à porta:

— Padre José? Boa noite! — Saudou uma bonita e simpática moça de cabelos claros, longos e cacheados. Seu rosto era marcante e seu corpo esguio.

— Boa noite, Mariazinha! Venha cá, menina — cumprimentou o Padre José, sorrindo.

A moça entrou trazendo algo nas mãos e o jovem Ornilo apressou-se na despedida.

— Padre José, muito obrigado por tudo que me disse. Fiquei muito feliz por tê-lo conhecido. O senhor deu-me novo rumo dizendo-me tantas coisas importantes. Vou procurar colocá-las em prática na minha vida. — Concluiu o rapaz, otimista.

A moça chegou e foi apresentada ao rapaz com atenção.

— Mariazinha, deixe-me apresentar-lhe o meu novo amigo, Ornilo — disse educadamente o Padre.

— Muito prazer! Chamo-me Maria. — saudou a jovem moça com cordialidade.

— O prazer é meu, moça! — retribuiu o cumprimento, Ornilo, envergonhado.

— Não quero atrapalhar... Eu apenas vim trazer o bolo que minha mãe fez para o senhor. — informou a jovem, enquanto entregava o bolo cuidadosamente envolvido em um pano branco ao reverendo.

— Obrigado, Mariazinha! O cheiro deste bolo é algo espetacular! — elogiou, agradecidamente, o nobre Padre.

Mariazinha despediu-se rapidamente e saiu de forma apressada, deixando Ornilo e o Padre José novamente sozinhos.

— Bom, eu já estava de saída, Padre — informou o rapaz.

— Ornilo, você não quer um pedaço deste bolo? — Perguntou, educadamente.

– Obrigado, mas tenho que ir. Já anoiteceu e preciso ir, mesmo. Obrigado! – concluiu o rapaz.

Os dois novos amigos selaram a amizade com um forte e fraterno abraço e despediram-se carinhosamente.

7

MUDANÇAS E SUPRESAS

"A vida é a arte do encontro..."
Vinícius de Moraes

O dia estava clareando quando o ônibus, vindo da Capital Federal, chegou à estação rodoviária da maior cidade do litoral paulista.

Santos amanheceu com o céu escuro, chuvoso e frio. Corria o ano de 1980.

– Chegamos, Macaé! – Avisou o colega Roberto, enquanto o motorista estacionava o coletivo.

– Caramba! Dormi muito... Que horas são essas? – Perguntou o jovem operário, esfregando os olhos e espreguiçando-se todo.

— 6h10 da matina! — respondeu o amigo, enquanto olhava pela janela do ônibus. Lá fora caía uma chuva fina que se estendia, praticamente, por todo litoral santista. Embora fosse o mês de março, a temperatura era de inverno.

Os operários pegaram suas malas e desceram para uma nova etapa de trabalho. Agora, em terras paulistas. Eram doze profissionais *mecânicos ajustadores* que foram convocados para aquela missão que duraria cerca de três meses. Entre os doze colegas, Macaé e Roberto eram os mais próximos, pois mantinham uma grande amizade. No entanto, Macaé já era admirado por todos os colegas em razão de sua coragem em lutar pelas melhorias de sua classe e por suas ideias humanistas.

Roberto colocou a mão no bolso e retirou um pedaço de papel com o endereço da pensão que fora indicada, pegaram juntos um táxi e seguiram em direção ao local onde se hospedariam por 90 dias.

O trabalho seguiu dentro do planejado pela empresa e seus mecânicos. Os amigos, Macaé e Roberto, costumavam sair juntos à noite para dançar nos bailes de Santos. Noites festivas e agitadas preenchiam-lhes os finais de semanas.

Numa tarde de sábado, Roberto convidou o colega Macaé para irem numa loja próximo ao Centro de Santos, onde costumava frequentar. Ao entrarem, Roberto foi saudado à porta, alegremente.

– Como vai Roberto? – Cumprimentou a dona da loja, sorrindo. – Que bons ventos o trazem aqui nesta linda tarde de sol forte?! – Concluiu a comerciante, fazendo graça. A mulher, ainda jovem, possivelmente ainda não tinha alcançado os seus trinta aniversários. Cabelos claros e curtos, tinha um semblante simpático e alegre.

Na loja, naquele momento, havia dois clientes apenas e a proprietária da loja. Macaé entra junto com o amigo e fica observando o ambiente em silêncio, enquanto os conhecidos conversam amistosamente.

– Mas hoje vejo que veio acompanhado, Roberto! Esse rapaz é aquele amigo do qual me contou? – Revelou a lojista, estendendo a mão cumprimentá-lo.

— Pois é, Marlene... É ele mesmo! O Macaé de quem lhe falei.

— Muito Prazer! Roberto contou-me sobre a amizade de vocês — disse, Marlene.

— O prazer é todo meu, dona Marlene! — retribuiu, Macaé o cumprimento com um aperto de mãos.

— Não faça isso, rapaz! Por favor... Não me chame de "dona", pelo amor de Deus! Sou, simplesmente, Marlene, está combinado? — Disse em tom de brincadeira.

— Desculpe-me, Marlene... Realmente você é muito jovem para ser tratada como "dona" — Corrigiu, sorrindo, Macaé.

— Agora você me conquistou! — exclamou a mulher com um sorriso largo no rosto.

Enquanto Marlene atendia os dois clientes, conversava animadamente com os amigos, quando entra na loja uma bela moça. Pele morena e cabelos pretos, corpo esbelto, olhos grandes e marcantes.

Ao perceber a presença da moça na loja, Macaé virou-se rapidamente. Seus olhos cruzaram-se com os dela. O rapaz sentiu algo diferente, algo especial no olhar daquela encantadora jovem. Parecia que já se conheciam. Uma sensação que transcende o corpo e alcança a alma.

— Que bom que você chegou, Leide! Deixe-me apresentá-la ao Macaé, por que o Roberto você já conhece — disse Marlene, com entusiasmo. — Esta é minha funcionária e amiga, Leide. Trabalhamos juntas aqui e frequentamos o mesmo clube, sabia? — enfatizou Marlene, sorridente.

Os olhares entre Marcos e Leide foi percebido pelos amigos.

De repente, ouviu-se os gritos dos trabalhadores portuários em greve[1], em seu segundo dia dc paralisação, surgindo na Avenida Conselheiro Nébias com destino à sede da Prefeitura de Santos[2], localizada na Praça Visconde de Mauá.

Macaé e seus amigos foram para a porta da

---

[1] A greve tinha sido decretada pelos portuários da Companhia Docas de Santos, naquela ocasião, estava em seu segundo dia, sendo considerada como uma das maiores paralisações de toda a história do País. As consequências daquele movimento foram sentidas significativamente. As ferrovias suspenderam os fretes que tinham como destino Santos. Só para se ter uma noção dessa greve, estavam parados 200 caminhões carregados e 42 navios ao largo.

[2] A gestão era do prefeito Paulo Barbosa que acabou assumindo a tarefa de intermediador do movimento e a Prefeitura de Santos transformou-se num verdadeiro "QG da Greve". O prefeito tinha uma linha direta com Brasília através de um aparelho de telex. Fonte: Jornal A Tribuna de Santos de 18 de março de 1980.

loja e ficaram observando a passagem dos grevistas. Não demorou muito e as tropas federais surgiram em seus veículos de guerra e acompanharam os grevistas caminhando pacificamente.

Naquela ocasião, a greve mantinham paralisados 35 mil trabalhadores de 24 categorias profissionais. As tropas federais estavam sendo deslocadas para Santos vindas do Rio de Janeiro, mas asseguravam que não tomariam medidas de repressão contra os trabalhadores.

Macaé, observa o movimento e se lembra das aulas com o professor Basílio.

— Apenas os movimentos organizados com planejamento e força sindical, conseguem quebrar a barreira da injustiça e desigualdade entre patrões e operários — comentou o jovem assertivamente. — Para segurar 35 mil trabalhadores de 24 categorias profissionais paralisados, esse pessoal dos sindicatos está de parabéns! Aí sim, a coisa pode mudar... — Concluiu com entusiasmo.

Assim que os grevistas passaram pela Avenida Conselheiro Nébias, Macaé e o amigo

Roberto manifestaram o apoio à paralisação com suas argumentações de sindicalistas, embora ainda não estivessem filiados a nenhum sindicato, já participavam das comissões de base nas campanhas salariais. Em seguida, retomaram a conversa anterior, que fluiu vibrantemente. Os quatro amigos gostavam de dançar. Alguns minutos depois, despediram-se com o compromisso de novo encontro.

Os dias passaram-se rapidamente e o jovem Macaé estava sempre recordando o olhar profundo e encantador daquela moça que conhecera na loja. Macaé ficou com a impressão que já a conhecesse de algum lugar.

Certa noite, após deitar-se como de costume, cruzando os braços atrás da cabeça, e olhando para o teto, seu pensamento navegou pelo presente, futuro e retrocedeu no tempo e no espaço.

– "Posso até estar enganado, – começou ele com seus pensamentos – mas a Leide me olhou naquele dia de uma maneira especial." – "Tenho a sensação de que a conheço há muito tempo." – Refletia o jovem operário.

Macaé ficou ali pensando na moça por alguns minutos, até que, aquela paralisação dos portuários, puxou-lhe o pensamento para os movimentos sindicais e vieram-lhe novas reflexões.

– "Muita coisa precisa mudar no cenário socioeconômico brasileiro, a começar com a conscientização do governo e dos empresários. Porém, é preciso organização e luta. Preciso me filiar ao sindicato aqui em Santos e contribuir para melhores condições." – Concluiu, Marcos, preocupado com sua classe.

Apesar de momentos tensos entre grevistas e o governo, não houve grandes perturbações para a conquista esperada pelos profissionais portuários naquela ano. Embora ainda o governo militar estivesse no comando do Brasil, muita coisa havia melhorado na questão da imposição política e da repressão devastadora. Bem diferente de um passado não tão distante

Macae seguia com seus pensamentos que se organizavam para fortalecer a sua convicção de se tornar um sindicalista atuante e empenhado na reforma sindical.

Estava ele, ali, por mais de 1 hora, talvez, até que foi sentindo sonolência, mas sentia necessidade de continuar pensando, de refletir sobre como seria a sua atuação no mundo sindical. Entretanto, seus olhos ficaram pesados e os fechou para descansá-los, e continuou pensando.

E, como num lampejo, surge-lhes novas imagens de luta operária no passado por melhores condições de trabalho e de salário. Não era aquela manifestação dos portuários que tivera presenciado naquele dia com seus amigos no Centro de Santos. Esforçou-se para identificá-la. Pareciam cenas do passado.

Será que estava novamente sonhando?

As imagens foram tomando vida e ele vê, em sua tela mental, o que estava acontecendo como num filme. As cenas não eram agradáveis, mas de tortura e repressão.

Tratava-se de um sindicalista chamado *Aquilino Carmino*, conhecido por "Pimpim", que era o presidente do Sindicato dos Trabalhadores na Indústria da Construção Civil de Santos, em 1946.

Aquilino ampliou o trabalho político de

conscientização dos operários da construção civil. Mas, infelizmente, seu trabalho foi interrompido em 1947, quando o sindicato sofreu uma intervenção federal e o prenderam injustamente. Torturado na prisão, Pimpim, teve sua saúde comprometida e, em consequência disso, acabou morrendo em 1950, aos 49 anos.

Época de tormentos e de muita injustiça. Naquela ocasião, muitos sindicalistas foram presos e torturados.

Macaé retrocede ainda mais no tempo e chega a 30 de agosto de 1938, quando foi realizada a Assembleia dos Trabalhadores da Construção Civil para fundação do seu sindicato profissional e foi eleito *Basílio Magno de Oliveira,* o seu primeiro presidente.

Época muito mais difícil do que agora. Aí se percebe o quanto o país já havia avançado, graças *à coragem dos vencedores* que vão abrindo caminhos para uma nova geração de homens com consciência e força.

Macaé continuava pensando, ou tudo aquilo era sonho?! Nem ele sabia explicar o que aconteceu. Mas, uma coisa era certa: estava aprendendo a fortalecer sua convicção, idealismo e coragem para lutar em favor dos outros colegas que, como ele, acreditavam num mundo melhor e mais justo.

Procurou Marcos retomar os pensamentos no passado, mas foi levado um pouco mais adiante onde reencontrou o rapaz Ornilo, que iniciando sua trajetória rumo às terras santistas.

8

Novos Rumos

"Há três métodos para ganhar sabedoria: primeiro, por reflexão, que é o mais nobre; segundo, por imitação, que é o mais fácil; e terceiro, por experiência, que é o mais amargo."

Confúcio

Ornilo saiu da Catedral de Nossa Senhora da Piedade apressado, pois já era noite e ele não tinha onde dormir. Andou 1 quilômetro talvez, quando avistou um hotel.

– "Quem sabe consigo alguma coisa naquele hotel." – Pensou o rapaz enquanto se dirigia para o local. Ao se aproximar do hotel, parou, olhou a placa no alto da fachada e leu o letreiro, soletrando para si mesmo, pausadamente: – "Ca-ja-zei-ras Ho-tel. En-tre e se-ja bem-vin-do".

Ornilo entrou e perguntou para uma senhora de aproximadamente cinquenta e cinco anos, com semblante calmo, cabelos castanhos e de olhar compassivo que, gentilmente, o saudou à porta:

– Boa tarde, meu rapaz! Deseja hospedar-se aqui? – perguntou, educadamente, a mulher.

Ornilo observou que o hotel tinha um bom movimento. Naquela ocasião, muitos trabalhadores da Companhia Hidroelétrica de São Francisco, a CHESF, hospedavam-se ali.

– Boa tarde, senhora! Sim, gostaria – respondeu, ao mesmo tempo em que seus olhos percorriam o ambiente –, mas quanto custa uma pernoite no seu hotel? – Questionou hesitante.

A mulher sorriu com simpatia e disse:

– Permita-me que me apresente: meu nome é Lourdes. – disse atenciosa a mulher. – E o seu?

O rapaz, que percorria o olhar na movimentação dos hospedes, voltou-se rapidamente para a mulher e retribuiu o cumprimento.

– Muito prazer, o meu é Ornilo!

– Ornilo?! – Respondeu admirada a mulher.

– Sim, Ornilo! – confirmou, firmemente, o rapaz.

– Desculpe-me a surpresa, é que nunca tinha ouvido o seu nome antes – justificou dona Lourdes sem jeito.

O rapaz ficou em silêncio.

– Mas é um nome bonito, sim – disse a mulher, gentilmente.

– Obrigado!

A conversa fluiu e dona Lourdes e Ornilo conversaram por alguns minutos.

– Na verdade, dona Lourdes, o que mais quero é arrumar um trabalho e poder estudar. – confessou o jovem rapaz, após ter contado um pouco de sua história.

A mulher ouviu atentamente a narrativa sofrida do rapaz e propôs com expectativa:

– Olha, Ornilo, se concordar, pode ajudar-me aqui no hotel, mas, por enquanto, não posso lhe pagar um salário, todavia, aqui você terá tudo: quarto, alimentação, roupa lavada... E uma coisa que vai gostar, Ornilo, é que minha filha é professora e poderá lhe dar aulas. E, quando eu puder, separarei um dinheiro para você. – disse dona Lourdes, na tentativa de oferecer algumas condições para que o rapaz pudesse ficar.

Quando dona Lourdes mencionou que a filha era professora e que poderia dar-lhe aulas, os olhos de Ornilo ganharam um brilho diferente.

– Bem, dona Lourdes, como quero muito estudar e a senhora está precisando de um ajudante, então, posso ficar e fazermos uma experiência – argumentou Ornilo, mais seguro.

– Muito bem, Ornilo! Aqui você pode sentir-se em casa. Aguarde ali, na sala de espera apenas um pouquinho que já o levarei ao seu quarto. Lá poderá tomar um bom banho e descansar um pouco. – disse dona Lourdes animada.

O hotel tinha uma entrada principal, com uma recepção de uns 4 a 5 metros de largura por 7 de comprimento. No fundo da sala, quase encostada na parede, havia um balcão onde dona Lourdes ficava. Além da porta principal de entrada, havia duas portas nas laterais da recepção, uma à esquerda e outra à direita. A porta da esquerda dava acesso à sala de espera e era por onde os hospedes tinham acesso aos quartos. A outra porta levava ao refeitório e à cozinha do hotel.

Enquanto Ornilo esperava sentado na poltrona na sala de espera, entrou aquela bonita moça da Igreja.

– Oi, mamãe! Já fiz o que me pediu e entreguei o seu bolo para o Padre José, que agradeceu muito. Até fez um elogio, dizendo que o cheiro de seu bolo é espetacular! – Relatou vivazmente a moça, sem ter percebido que o rapaz Ornilo estava na sala ao lado.

Ornilo estava na sala juntamente com outros hospedes do hotel, alguns eram funcionários da Companhia Hidroelétrica de São Francisco.

Quando Mariazinha entrou, o rapaz tomou um susto.

– "Nossa! É aquela moça da Igreja, a Mariazinha, que conheci, agora há pouco." – pensou o rapaz.

– Filha, quero apresentar um rapaz que vai trabalhar aqui no hotel, – Disse dona Lourdes, ao mesmo tempo que saiu de trás do balcão e caminhou para sala de espera para a apresentação.

– Ornilo, esta é minha filha Mariazinha de quem lhe falei. – apresentou a dona do hotel.

O rapaz levantou-se e a cumprimentou.

– Tudo bem, Mariazinha?

– Tudo bem, Ornilo! Que surpresa encontrá-lo aqui – respondeu com um sorriso suave a moça.

– Êta! Vocês já se conhecem? – perguntou a dona Lourdes surpresa.

– Pois é! Fomos apresentados pelo Padre José, lá na Igreja, hoje, no final da tarde, quando fui entregar seu bolo para ele. – Explicou a filha, calmamente.

– Que bom que já se conhecem. – disse dona Lourdes.

– Filha, o Ornilo frequentou muito pouco a escola devido a muitas dificuldades que teve. Então, expliquei que é professora e que falaria com você sobre a possibilidade de dar-lhe aulas particulares. O que você nos diz? É possível você ensinar matemática, português e outras matérias necessárias para o rapaz nas horas de folga dele? – Questionou a mulher.

Houve um silêncio e Mariazinha olhou por alguns segundos para o rapaz que a acompanhava imóvel e apreensivo.

– Claro que ensinarei com muito gosto tudo de que ele precisar: matemática, português, geografia... – Concordou Mariazinha sorridente.

– Não disse, Ornilo!? Ela vai lhe ensinar melhor do que se você estivesse na escola, rapaz. Pode acreditar! Não é porque é minha filha, mas é uma das melhores professoras de Cajazeiras! – Concluiu a mãe orgulhosa, balançando a cabeça positivamente.

Os olhos de Ornilo marejaram de água e algumas lágrimas grossas caíram dos olhos. Estava profundamente feliz com o que acabara de ouvir de uma professora de verdade que lhe daria toda a atenção naquilo de que mais ansiava na vida: estudar e aprender.

Retirou do bolso da calça um lenço amarelado pelo tempo e o levou aos olhos, secando as lágrimas que brotaram de seus olhos pela alegria e emoção de ter, finalmente, conseguido a oportunidade de estudar.

Nem a mãe, tampouco, a filha, esperavam presenciar aquela cena emocionante que se fez diante delas, ao ver a importância que era para um jovem rapaz de apenas dezoito anos poder estudar e aprender as matérias escolares.

Dona Lourdes, sensivelmente comovida, pediu para que o rapaz a acompanhasse ao quarto.

Os dias se passaram e a professora Mariazinha empenhou-se nas aulas para que o aluno Ornilo se desenvolvesse nos estudos. O dedicado estudante era disciplinado e seguiu aprendendo acima do esperado pela jovem educadora.

Ornilo em suas várias funções no hotel, tinha disposição invejável. Um dos hóspedes, que era chefe de almoxarifado da Companhia Hidroelétrica de São Francisco, senhor Ademar, observou tais habilidades e fez-lhe um convite.

– Ornilo, você que ir comigo trabalhar na

CHESF? – Perguntou senhor Ademar. – Você é um rapaz novo, disposto... Pode ter um bom futuro lá. Venho observando seu empenho no trabalho e, se quiser, dou um jeito de contratá-lo. – concluiu o funcionário da estatal.

– Claro que quero! – Respondeu o rapaz sem pestanejar.

Era verão de 1963.

– Estamos trabalhando numas linhas e redes aqui na região de Cajazeiras e assim que terminar, você vem comigo. – Combinou Ademar com o rapaz.

Apesar de Ornilo não comentar o convite com ninguém, em uma conversa de um dos funcionários da CHESF, dona Lourdes acabou sabendo do convite de senhor Ademar ao seu empregado. Ela ficou muito aborrecida e foi tomar satisfação com o homem.

– Senhor Ademar, fiquei sabendo que quer tirar-me o Ornilo, chamando-o para trabalhar na CHESF. Só tenho ele aqui! Além disso, ele está estudando e não precisa de nada! – Ralhou a dona do hotel com rigor.

Senhor Ademar não discutiu e procurou conversar em segredo com Ornilo.

– Não se preocupe, rapaz. Vamos fazer outro trabalho na região e, na volta, mando um motorista passar por aqui e pegá-lo. Fique atento. – Avisou o homem. – O nome do motorista é Pedro. Vou avisá-lo e você vem com ele. Na CHESF, eu o encaminho para o trabalho. – Combinou o funcionário da Hidroelétrica com Ornilo.

– Tudo bem. – disse o rapaz conformado.

O tempo passou e Ornilo seguiu trabalhando e estudando com Mariazinha e, em março de 1964, o rapaz foi avisado por um funcionário da companhia que o motorista iria passar para pegá-lo. Marcaram o dia e o jovem Ornilo ficou aguardando.

Devido ao comportamento de posse de dona Lourdes, Ornilo resolveu sair sem avisar para evitar constrangimentos

E assim aconteceu. No começo de março, num meio-dia, momento em que o hotel estava muito movimentado, o motorista chegou, avisou Ornilo e ficou aguardando do lado de fora. O rapaz pegou sua mala, deixou apenas um bilhete para Mariazinha, agradecendo por tudo que ela havia ensinado, e saiu rumo à Companhia Hidroelétrica de São Francisco para trabalhar numa obra dos últimos 30 quilômetros de linha de Paulo Afonso à Fortaleza[1].

Ornilo trabalhou em Fortaleza até acabar as obras da linha que liga Paulo Afonso à Fortaleza, quando o Estado passou um período de chuvas, e por essa razão, a companhia suspendeu as novas contratações. Ornilo foi avisado pelo senhor Ademar dessas condições.

– Vamos aguardar o tempo certo para contratação e, se você estiver por aqui, será contratado, – informou o chefe de Ornilo.

Como o rapaz não tinha para onde ir, Ademar arrumou um trabalho para Ornilo

[1] Ornilo ajudou na construção das linhas de redes que ligaram Paulo Afonso à Fortaleza e, no dia 01 de fevereiro de 1965, com um público estimado de 50 mil pessoas no evento de inauguração. Enquanto aguardavam a chegada do Presidente da República, o público assistiu a shows de artistas como o do rei do baião, Luiz Gonzaga. Às 20 horas o Presidente Marechal Castelo Branco acionou a chave que iluminou a Praça de Otávio Bonfim, dando-se por inaugurada a energia de Paulo Afonso em Fortaleza.

num desmatamento para um empreiteiro na fachada de uns 50 metros para rede elétrica passar. E, no início de julho de 1964, a CHESF mandou chamá-lo. Dos cinco contratados, somente Ornilo havia resistido àquele trabalho duríssimo. E, em 06 de julho de 1964, recebeu seu primeiro registro na carteira. Naquela semana, teve uma surpresa.

– Ornilo, você nem imagina quem esteve aqui, procurando-o, enquanto estava na empreiteira fazendo desmatamento... – disse, fazendo suspense, senhor Ademar. Ornilo pensou, refletiu e arriscou:

– Não me diga que foi dona Lourdes?! – respondeu atônito.

Senhor Ademar deu um sorriso amarelo e ficou em silêncio.

– Foi ela senhor Ademar? Diga logo, homem! – exclamou curioso o novo operário da CHESF.

– Você errou, Ornilo... Errou feio! – Concluiu Ademar, fazendo graça.

Ornilo pensou por um momento, depois outro e fez nova tentativa.

– Se não foi dona Lourdes, então... – O rapaz fez nova pausa e continuou:

– Será possível ter sido a Mariazinha?! Perguntou hesitante.

– Exatamente ela, meu caro! – Arrematou sorrindo o chefe. – Acreditou que você nem desconfiou que ela gostava de você, garoto. – concluiu.

Ornilo puxou uma cadeira que estava ao seu lado e sentou-se inconformado.

– Mas ela lhe disse o que queria comigo, senhor Ademar? A pobrezinha saiu de tão longe... – Questionou novamente indignado com a revelação.

Ademar continuou em silêncio enquanto escrevia numa prancheta.

– Senhor Ademar, o senhor não vai responder? Estou ficando preocupado! O que ela queria comigo e o que o senhor lhe disse?

O chefe da hidroelétrica levantou-se, colocou a prancheta na mesa e respondeu:

– Veio buscar você! Ela apenas não foi onde você estava por que eu não contei que sabia. Achei que não devia. Foi isso, meu rapaz. –

Concluiu, batendo a mão sobre o ombro de Ornilo.

O rapaz ficou em silêncio ali sentado, por alguns minutos. Ademar saiu da sala e ele permaneceu no mesmo lugar, refletindo.

– "Como pode um negócio desse!" – "Ela gostava de mim e eu nunca desconfiei." – Pensava Ornilo, inconformadamente. Depois levantou-se e foi embora.

Os meses foram avançando e Ornilo sentia falta de estudar. Como não havia essa possibilidade em razão do trabalho que não lhe permitia, ele lia muito em suas horas de folgas. Gostava de revistas em quadrinhos e aquelas de palavras cruzadas. Dentro dessas revistas, havia sempre anúncio de um instituto de estudo à distância em diversas áreas. Cursos de rádio e televisão, eletrônica em geral, desenho e por aí vai.

Ornilo fez vários cursos desses. Estudando por correspondência, ele montou até um rádio com os componentes que o instituto enviava via Correios. O negócio de Ornilo era estudar, aprender. E isso ele fez muito até mudar para o Rio. E lá passou por várias empresas, filiou-se a um sindicato que não correspondeu às suas expectativas, estudou eletrônica em algumas escolas do Rio de Janeiro e lá concluiu o curso que equivalia ao primário, hoje, ensino fundamental.

Em 1970, Ornilo foi ser montador de painéis elétricos. Nesse período, foi filiado ao sindicato dos montadores.

Dois anos depois, foi convidado para ir para Bahia trabalhar na construção da Usina Siderúrgica da Bahia.[1] Lá, ficou até 1973 e, depois, retornou para o Rio.

Ornilo não tinha ainda o curso completo do 1º Grau. Estudava por conta própria e aprendia normalmente o que se aprende nas escolas com os professores, o que chamamos de "autodidata", mas não tinha o certificado que muitas empresas exigiam para admissão. Ele foi à Secretaria de Educação do Rio de Janeiro, fez um teste, foi aprovado e recebeu o certificado do 1º grau que tanto queria.

---

[1]A Gerdau Usiba (antiga Usina Siderúrgica da Bahia - Usiba) é uma usina siderúrgica pertencente ao Grupo Gerdau e foi inaugurada em 1973

Em 1980, transferiu-se para a baixada santista, onde passou a trabalhar na Cosipa e, 2 anos depois, ficou sócio do Sintracomos - Sindicato dos Trabalhadores nas Indústrias da Construção e do Mobiliário de Santos.

Em 1984, Ornilo foi convidado a participar do movimento sindical. No ano seguinte, já tinha assumido a posição de diretor de base, atuando nos movimentos com várias conquistas para sua classe.

Eis rapaz da feira de Guarabira, da fazenda de São José da Lagoa Tapada, do hotel de Cajazeiras, da CHESF de Fortaleza, dos bares e restaurantes e das indústrias e siderúrgicas do Rio de Janeiro, da Usiba da Bahia, das siderúrgicas de Santos e de tantos outros lugares. A experiência, ao longo dos anos, foi se fortalecendo em sua alma, que Ornilo transformou em força para beneficiar os semelhantes através da coragem que apenas os vencedores possuem, pois ela é a única que é revertida em favor dos outros na transformação de um mundo melhor.

Ornilo relembrou o Padre José com sua história e seus aconselhamentos, os quais procurou seguir com determinação e fé.

"Finalmente, a quinta qualidade do lápis – disse ele com sabedoria – é a de que ele sempre deixa uma marca. Saiba que tudo que você fizer na vida, para as pessoas, irá deixar traços, bons ou maus."

"Através do Bem Eterno, você pode retribuir a Deus um pouco do que Ele nos concede, ajudando outras pessoas por onde for, seja com palavras e exemplos edificantes, seja doando algum benefício material, ou mesmo lutando por um ideal nobre e que as beneficiem." – Recordava Ornilo as palavras marcantes do Padre José, com saudade.

"Ah, outra coisa: lembre-se sempre de que, na vida, ninguém realiza nada sozinho. Precisamos uns dos outros para crescermos em direção à felicidade, ao bem-estar mútuo. O próprio Cristo convocou doze homens e os tornou seus discípulos para divulgar a sua Obra Redentora. Foi por isso que o Mestre Divino, quando se reportou ao feixe de varas, quis, na verdade, mostrar que, unidos, somos força; separados, somos apenas pontos de vistas sem importância." – Seguia recordando Ornilo, enquanto olhava uma foto da cidade de Cajazeiras.

"Trabalhe, acredite e siga fazendo o bem onde estiver e, um dia, encontrará homens de semelhantes sentimentos e coragem que se unirão a você e, juntos, poderão lutar por dias melhores em favor dos outros, nutridos pela coragem dos vencedores." – Concluiu Ornilo as suas boas recordações dos tempos de rapaz no sertão da Paraíba.

E, assim, segue o brasileiro Ornilo, firme e determinado, a sua luta diária no sindicato da construção civil de Santos, unido a outros companheiros com os mesmos sentimentos de ideais, representando os seus colegas de classe, na busca constante pela justiça e bem-estar de todos.

9

Reencontros e Desafios

"Façamos da interrupção um caminho novo.
Da queda, um passo de dança,
do medo, uma escada,
do sonho, uma ponte,
da procura, um encontro!"
Fernando Sabino

Após uma noite de sono profundo, Macaé despertou procurando recordar o momento em que se deitou na noite anterior e ficou pensando na moça da loja, a Leide. Recordou que, inexplicavelmente, perdeu-se com outros pensamentos.

– "Não me lembro de como peguei no sono. "O que será que aconteceu? Será que tudo foi sonho?" – Questionava-se Macaé, sem respostas, para o que, de vez em quando, lhe acontecia. – "Tenho certeza de que estava pensando na Leide, mas depois não me recordo o que houve, se sonhei ou se fiquei imaginando cenas de acontecimentos do passado... Assisti, como num filme, à história daquele menino." – Refletia o jovem Marcos. – "Quem serão aqueles outros meninos?" – Pensava, procurando entender.

De repente, consultou o relógio no pulso e se assustou com a hora avançada. Arrumou-se e saiu apressado para o trabalho.

Macaé seguiu os dias trabalhando e, sempre que havia as articulações nas comissões de base que promoviam as campanhas salariais, lá estava ele, atuando em benefício da classe. Naquela ocasião ele estudava a atuação do sindicato da construção civil de Santos, pois já pensava nele como seu caminho no mundo sindical.

Assim a vida seguiu e Macaé já estava há mais de sessenta dias na baixada santista. Não faltava muito para o término da missão profissional.

Nas noites dos finais de semana, estava junto com o amigo Roberto, dançando nos bailes das noites santistas. E sempre que podia, passava para ver Leide.

Numa dessa noite festivas, os amigos Macaé e Roberto, já próximos da conclusão do contrato de trabalho, foram convidados por Marlene para um baile no clube que ela frequentava.

A noite estava enluarada e a temperatura não devia passar dos 25 graus. Roberto já tinha se arrumado e foi até o quarto do colega para apressá-lo.

– Macaé? – chamou o amigo apressado.

– O que foi, homem? – disse penteando os cabelos em frente a um espelho pregado de improviso na parede.

– Já está na hora... – Respondeu apontando com o dedo indicador o relógio que já marcava 20h30. – Vamos porque, se demorarmos mais um pouco, não vamos ter com quem dançar, meu amigo! – disse Roberto, esfregando as mãos.

– Calma! Eu não saio de qualquer jeito não, meu irmão! – Retrucou Macaé, fazendo graça.

— Ainda mais depois de você ter dito que seria possível a Leide ir. Então... Mais um motivo para o papai aqui ficar bonitão e cheiroso! — completou animado.

— Rapaz, você disse uma coisa que eu sempre estou para perguntar: que perfume é este que você usa? — questionou Roberto, curioso.

Macaé sorriu e respondeu:

— *Pat-chou-li!* Esse é o nome, meu amigo! Eu o uso desde menino. O que é bom dura! — Concluiu, enquanto dava os últimos retoques no visual.

— Um dia lhe conto como eu fazia quando tinha uns 12 anos, lá em Campinas, para usar este perfume. Mas isso é conversa para outra hora... — concluiu.

— Tudo bem! Vamos embora antes que as meninas não esperem por nós. — disse Roberto, seriamente.

— Fique sossegado, porque acredito que "o que é do homem o bicho não come", como diz o ditado popular... — arrematou, Macaé, enquanto passava mais um pouco de perfume pelo corpo.

— É?! Vai confiando que você pode ter uma surpresa — retalhou o amigo balançando a cabeça.

— Ué! O que você quis dizer com surpresa?

— Eu?

— Sim! Não foi você, agora mesmo quem disse que não é bom facilitar porque posso ter uma surpresa?

— Foi!

— Então! O que quis dizer com isso?

— Nada. Falei brincando, mas você ficou preocupado, não é mesmo? — disse com ar de gozação. — Venho observando, Macaé...

— Êta! Agora deu para vigiar os outros?

— Não! Apenas vejo você indo lá na loja... E conversa vai, conversa vem, sabe como é?

— Claro! Gosto dela! — enfatizou o rapaz.

Macaé silencio-se por alguns segundos e continuou:

— Minha dúvida é se ela gosta realmente de mim para namorar. Quero chegar nela e abrir o jogo, mas... e se não for? Se ela é assim mesmo? Gosta de mim, mas como amigo? — questionou-se. E outra: Por Deus do Céu: tenho medo de até perder a amizade se avançar e não for nada disso que estou pensando! – revelou o jovem Macaé hesitante.

– Que nada, rapaz! Vamos embora e, lá, aproveita a ocasião e peça ela em namoro. Ela gosta de você. Você apenas ainda não percebeu, ou é isso que você confessou: está com medo. – Comentou Roberto com o amigo. – Você precisa é dar o primeiro passo e verá que tenho razão.

E assim, saíram e começaram a caminhar pelas ruas da bela cidade de Santos, conversando animadamente até chegarem ao clube.

Lá, estava lotado. Os dois amigos ficaram à procura de Marlene e Leide. Procuraram praticamente no salão inteiro, mas não as encontraram. De repente, elas surgiram e os surpreenderam animadamente.

Leide e Marlene estavam radiantes. Leide trajava um vestido comprido branco, com detalhes em bordado azul claro. Tinha no cabelo uma tira dourada que dava destaque ao seu rosto alegre e sorridente. Olharam-se demoradamente e Macaé, como de costume, disse-lhe:

— Leide, você está linda! Gostei do vestido, mais ainda de quem o está usando — flertou Macaé enquanto beijava-lhe a mão.

— Obrigada, Marcos! Você é muito gentil.

— Gentil não! Sou verdadeiro — arrematou o rapaz com sensibilidade.

Naquele momento, as luzes apagaram-se e outras acenderam para dar início a uma música romântica. O globo girou no teto refletindo um colorido iluminado por todo o salão.

Macaé sentiu vontade de chamá-la para dançar, mas hesitou quando Leide, com delicadeza, mas determinada, tomou a iniciativa.

— Macaé, vamos dançar? — perguntou suavemente.

— Sim, claro! — respondeu o rapaz, dando-lhe o braço para a dança. Caminharam um pouco até o meio do salão e deram-se os braços. Os dois, naquele momento, ao toque suave do corpo um do outro, sentiram o calor e a emoção que brotou serena e sentida.

— Fiquei feliz de reencontrá-la. Você vem sempre aqui? — perguntou o rapaz, puxando conversa enquanto dançavam lentamente.

— Sim, venho — respondeu ela, sorrindo.

— Está sorrindo, Leide? Perguntei algo errado? Não pelo seu sorriso, que é lindo, mas talvez por que tenha perguntado algo errado.

— Claro que não! Apenas sorri porque venho sempre aqui, pois sou diretora deste clube — revelou ela, enquanto o olhava serenamente.

— Nossa! Não me diga! Então é melhor ainda. Virei aqui sempre para vê-la.

Naquele instante, a música que começara a tocar mexeu com os sentimentos do casal enamorado.

Com os rostos colados um ao outro, foi deslizando-se até nascer o primeiro beijo.

Após aquele beijo que jamais iriam esquecer, ficaram dançando em silêncio até a música romântica acabar e outro gênero musical tocar. De mãos dadas, o casal se dirigiu para uma mesa e sentaram-se felizes e a conversa fluiu em toques de amor e serenidade. Mesmo num ambiente onde o som era demasiadamente alto. Ainda assim, Macaé e Leide enamoravam-se com emoção e cumplicidade. Era como se já se conhecessem. Algo tocava seus corações.

Ali nascia o amor recíproco de um casal que, a cada olhar, percebiam a grande força do reencontro através das forças naturais que unem os seres nesta, como em outras existências, já que somos eternos.

O tempo lhes parecia voar. Até chegar a hora de irem embora. Macaé acompanhou Leide até sua casa e marcaram de falar com a mãe da moça.

O namoro foi oficializado.

Macaé estava muito envolvido com os movimentos nas comissões de base que tinham suas campanhas específicas e tinha acabado de encontrar a mulher de sua vida. Ele sabia que não podia mais ir embora.

— Cheguei pensando que ficaria apenas três meses e olha só o que aconteceu?! Não posso nem quero ir embora. Vou ficar por aqui e constituir minha família em berço santista. Tenho muita coisa para fazer por aqui! – Exclamou Macaé com determinação ao amigo Roberto.

– E você, meu irmão? Não deu certo com a Marlene? – perguntou Macaé com interesse.

– Não. Não deu certo. Somos bons amigos – respondeu tranquilamente.

– Que pena!

– Não tem problema algum, Macaé. O que importa mesmo é a amizade que ficou – respondeu Roberto sem alteração.

– É verdade! O que importa mesmo é terem se tornado amigos – arrematou o colega.

– Resolveu se vai ou se fica? – questionou Macaé.

– Gostaria de ficar, mas andei pensando e resolvi seguir no "trecho". Vou andar mais um pouco por este Brasil a fora. – disse Roberto, sorrindo.

– Pois é, irmão! Siga, sim. Temos de fazer aqui o que o nosso sentimento manda. E, no "trecho", aprendemos muita coisa e fazemos muitos amigos. – Completou Macaé.

No dia seguinte, às 7 horas da manhã, os doze operários estavam na gerência da empresa e o chefe perguntou-lhes:

– O que me dizem, rapazes? Vamos embora para Brasília e, depois, para outros lugares?

Os companheiros de trabalho entreolharam-se simultaneamente e o primeiro a levantar a mão foi Macaé.

– Eu vou ficar por aqui mesmo, chefe. – Respondeu Marcos com convicção – Encontrei meu caminho e aquela com quem vou viver por toda a minha vida – Concluiu determinadamente.

– Ok, Macaé. Que bom que isso lhe aconteceu. Tenha boa sorte!

– Da mesma forma! – retribuiu, solícito Marcos.

Naquele dia, dos dozes que vieram, apenas quatro operários ficaram, incluindo Macaé. Roberto e mais sete trabalhadores seguiram ruma à Brasília.

O grupo de operários que iria voltar, partiria às 19 horas da Estação Rodoviária de Santos. Macaé foi acompanhar o amigo Roberto até lá.

Quando o ônibus chegou os amigos abraçaram-se demoradamente.

– Bem, amigo, não vamos nos despedir, a final, vamos continuar juntos nossa batalha. Você, aqui, e eu, onde estiver. E, um dia, quem sabe volto aqui. – Disse Roberto emocionado.

– Claro que não vamos nos despedir! Continuaremos juntos nossa luta, eu, aqui, e você, por aí. Mas vamos nos falando. Qualquer novidade, comunico-me com você. Pode deixar! Concluiu Macaé com mais um abraço amigo.

– Combinado!

Roberto pegou a mala no chão e caminhou na direção do ônibus, que já estava de partida.

Macaé virou-se e seguiu para a pensão.

Macaé, a partir daquele momento, foi fortalecendo sua presença nos movimentos e sua participação nas comissões de base em campanhas por melhores condições, aumentando a cada momento.

Leide sempre apoiava Macaé em suas atividades com militantes da comissão em favor dos trabalhadores, nas lutas em favor da categoria. Macaé atuava nas negociações entre empregados e patrões e conseguia sempre excelentes resultados. Sua posição de defensor dos direitos trabalhistas era cada vez mais acentuada e reconhecida por todos, inclusive pelos sindicalistas da Sintracomos.

Entre o trabalho e a vida pessoal, Macaé não media esforços nas duas direções. Os anos passaram-se rápido e Marcos estava determinado às melhores iniciativas e o primeiro passo foi pedir Leide em casamento. Após o matrimônio, alguns anos mais tarde, o casal teve seu primeiro filho.

Macaé, agora com sua família constituída em Santos, seguia firme participando das comissões de base por melhores condições para sua classe. Seu nome torna-se cada vez mais lembrado na mesa de negociação entre patrões e empregados.

O que não demorou para receberem os dirigentes sindicais. Recebeu seu primeiro convite para participar da diretoria do sindicato da construção civil de Santos, por ser um negociador habilidoso e fiel aos princípios de justiça para todos. Aconteceu em 1984. Macaé não aceitou o convite, pois ainda sentia que não era o momento para assumir aquele cargo, precisava de mais experiência na sua atual atividade. E, assim, seguiu ele se preparando entre uma negociação e outra, mostrando que era possível equilibrar a balança da justiça para os dois lados.

Em 1987, Macaé participou de uma comissão de base em uma campanha salarial, em que sua voz de comando ajudou a manter paralisados 5 mil trabalhadores da empresa em que ele trabalhava.

Durante uma assembleia dos trabalhadores em torno da empresa, em que já alcançavam o décimo dia de paralisação, Macaé subiu no andaime improvisado para se preparar e falar, quando um colega o avisou de que sua mulher, Leide, e seu filhinho acabara de chegar.

Macaé desceu imediatamente para conferir e deparou-se com Leide e seu primeiro filho nos braços. O garoto tinha, naquela ocasião, 8 meses de vida.

– Caramba, Leide! O que aconteceu? O que vocês estão fazendo aqui? – Questionou aflito, o pai do pequeno Max Well.

– Calma, Macaé, não aconteceu nada e não precisa preocupar-se! – disse ela sem alteração. – Apenas resolvi vir hoje acompanhar sua luta em favor de todos nós e trouxe nosso filho. – explicou-se Leide tranquilamente. – É até bom porque ele já se acostumará com esses movimentos. – Completou fazendo graça para o marido.

Macaé sorriu, aliviado, beijou-os carinhosamente e subiu apressado. Pegou o microfone e soltou a voz.

– Pessoal? Peço um minuto da atenção de todos vocês. – Gritou Macaé. – O negócio é o seguinte: Precisamos continuar firmes na nossa posição! Precisamos seguir assim, exatamente assim: *parados*, até que eles se pronunciem concedendo o reajuste que nos é de direito, a final, somos o motor desta empresa e trabalhamos duro de sol-a-sol para que seus lucros sejam cada vez maiores e a empresa siga crescendo e produzindo. Nada contra os lucros, tampouco com o crescimento da empresa, pelo contrário, ficamos felizes que isso aconteça, mas o que não dá para aceitar é tudo isso acontecer e não haver o mínimo de reconhecimento por meio de melhores condições de trabalho e salários, não acham? – E então, ecoou nos ouvidos, tocando a alma dos trabalhadores, a voz forte e vibrante de Macaé, aos aplausos e gritos por todos os lados de:

– "Isso mesmo, Macaé!" – "Não vamos voltar enquanto eles não cederem o que é nosso por direito!" – "Somos o motor desta empresa e, sem motor, o carro não anda!" – Gritou uma voz ao longe.

– Calma, pessoal! É isso aí... Agora deixem-me falar mais uma coisa: é preciso frisar e lhes deixar claro: ninguém aqui está pleiteando nada, absolutamente nada de que não seja justo e nosso de direito! – Gritou firme Marcos Braz sob novos e vibrantes gritos de apoio.

– Ninguém aqui precisa ficar se sentindo culpado destes dias todos parados. Isso, eu digo com convicção e razão: a paralisação não seria necessária se nossos patrões compreendessem as nossas necessidades justas e tomassem a iniciativa de ajustarem os salários e as condições de trabalho. Aí, sim, nos sentiríamos culpados e injustos com a paralisação! — completou Macaé ao som de levante por todo lado da multidão de trabalhadores.

No décimo quinto dia de paralisação, a empresa enviou um telegrama às residências de quatro funcionários que estavam na linha de frente dessa paralisação, incluindo Macaé, que era o responsável direto pela voz que comandou essa greve.

Já passavam das 20 horas quando Macaé entrou em casa fazendo festa como de costume e viu que Leide estava apreensiva.

— O que foi, Leide? Por que você está assim, séria? Aconteceu alguma coisa? — Questionou, temeroso, o marido.

Leide deu o filhinho para o pai segurar e caminhou até o armário da cozinha. Voltou trazendo nas mãos um telegrama enviado pela empresa onde ele trabalhava. Macaé entregou o pequenino bebê à mãezinha cuidadosa e sentou-se, vagarosamente, enquanto desdobrava o telegrama.

Leide permanecia em silêncio. Macaé leu em voz baixa:

"Por razões em que a diretoria desta empresa julgou abusivas as ações do funcionário *Marcos Braz de Oliveira*, nos últimos dias, comunicamos o seu desligamento de nosso quadro de funcionários com a demissão por justa causa."

Macaé olhou para Leide, que acompanhou a leitura do telegrama em silêncio e disse:

– Esses caras não aprendem mesmo! Não aceitam perder, não aceitam reconhecer o justo, o que é direito assegurado por lei para quem lhe dá os lucros e os mantém no mercado. – Desabafou Macaé, nervoso.

– Isso não está justo! Que me demitisse, tudo certo. É um direito deles! Mas..., por justa causa, isso não! – disse alterado.

– Eu não matei nem roubei, não cometi crime algum para receber este telegrama nos afrontando! O que faço e parte da comissão de base dessa campanha salarial que representa meus companheiros de trabalho, – isso eles sabem! Agora, como já perceberam, não vou "puxar sardinha para eles", que não cederam até agora. Então, deram-me um golpe baixo deste! – disse indignado – Eles espanaram com atitudes desleais como esta aqui! – enfatizou, mostrando o telegrama. – Isso não aconteceria se, desde o começo que os avisei, tivesse atendido as nossas reivindicações nessa campanha, que é legítima! – arrematou com entonação na voz. – Querem ganhar até nisso... – Concluiu, balançando a cabeça negativamente.

– Calma, querido! Eu compreendo perfeitamente tudo isso que me disse e está sentindo. Tudo vai acabar bem. Não se enerve tanto. Não vale apena ficar assim. Você é um homem competente no que faz e conseguirá trabalho melhor. – Consolou confiantemente, Leide.

– Leide, vou dizer-lhe uma coisa: o pior de todo esse negócio é que nas outras empresas esse comportamento é o mesmo. Apenas mudam o bolo, as moscas são as mesmas, ou melhor, a mentalidade dos patrões insistem em não mudar. – disse entristecido.

Houve um momento de silêncio em que o casal refletiu por alguns instantes.

— Amanhã, nos reuniremos em nova assembleia. Os representantes da empresa querem anunciar suas decisões. Para mim, eles não têm saída; ou dão o reajuste de salário ou vão perder mais ainda... e isso não interessa para eles.

Na verdade, Leide, se não fosse essa paralisação, todos ficariam com os salários defasados. Até quando precisamos desse martírio, desse desgaste todo para conseguir o que é necessário?! — Concluiu Macaé, desconsolado.

— Não fique assim, Marcos. Estamos juntos em tudo. Confiemos em Deus. Sinto que algo vai sair bem nessa confusão toda. — disse Leide, confiante.

— Sim. Se você acha isso, Leide, então deve ser — concluiu, Macaé com um abraço carinhoso.

A coragem de um homem não se mede somente por sua vontade de lutar por seus ideais, mas, sobretudo, por sua força e determinação em continuar lutando até o último fôlego, sem desacreditar jamais na vitória do *bem* em favor de todos.

Naquela noite, Macaé custou a conciliar o

sono. Virava-se de um lado para o outro na tentativa de poder dormir.

– Querido, acalme-se. – pediu Leide, preocupada com o marido. – Procure entender que estamos vivendo num mundo em que as pessoas demoram mesmo a entender que o bem-estar e a felicidade não se conquistam individualmente, mas coletivamente. Porém, uma coisa é certa: ainda vai demorar bastante para isso mudar. Então, acalme-se, procure aceitar essas coisas e seja esse homem forte, corajoso e determinado que sempre foi. Isso é mais importante. Agora, sossegue seu coração e amanhã verá que Deus abrirá novos caminhos com novos desafios, em que você é o cultor devotado da semente que florescerá, gerando bons frutos para todos. – Concluiu Leide, com sabedoria.

Macaé ouviu com carinho e atenção.

– Minha querida Leide, você me dá a força de que necessito para acreditar em dias melhores e ter forças para novos desafios. Pode dormir agora que eu estou bem. Apenas vou ficar pensando um pouco e logo dormirei. – Disse com um sorriso de gratidão.

Leide o beijou e logo adormeceu.

Macaé seguiu noite à dentro com seus pensamentos. Entre uma reflexão e outra, veio-lhe à mente as imagens dos meninos, agora em fase adulta.

– “Nossa, será que comecei a sonhar ou ainda estou acordado?” – questionou-se.

As visões seguiram e ele via os personagens dos tempos de garoto crescerem e virem para os dias atuais. O primeiro deles foi Luiz Carlos, que estava no “trecho”, como se costuma dizer entre os operários que trabalham por contrato temporário. O chamado: *trecheiro*. Da cidade de Pindamonhangaba, Luiz veio para trabalhar na Cosipa, aqui na baixada santista, na área de suprimentos e materiais. Apesar de ser almoxarife, foi registrado como *mecânico*. Seu trabalho era levar o material do cliente para a empreiteira montar dentro da empresa. Luiz era um daqueles que já tivera conquistado *a coragem dos vencedores* em razão da sua história de vida. Trazia, na alma a ânsia de participar do crescimento de sua classe. Preocupado com o bem-estar de seu semelhante e de sua evolução pessoal, no que se refere às conquistas de que sempre acreditou, Luiz filiou-se ao sindicato da construção civil de Santos e participava dos movimentos de que julgava importante. Em 1982, foi montada uma chapa para tentar destituir um presidente que não era atuante. Como tinham dificuldade em conquistar associados para concorrer numa chapa para compor uma nova diretoria e Luiz já era filiado ao sindicato, o convidaram para fazer parte da chapa 2 e concorrer ao cargo de diretor. Com a eleição de um novo presidente e sua nova diretoria, Luiz foi empossado como diretor do Sindicato dos Trabalhadores nas Indústrias da Construção Civil e do Mobiliário de Santos (Sintracomos).

Na empresa onde estava trabalhando como almoxarife, sempre que era necessário, lá estava Luiz participando pela busca das reivindicações para sua classe.

No entanto, a administração da empresa teve a informação de que ele era diretor do sindicato e, imediatamente, foi demitido, impiedosamente.

— "Caramba!" — Pensou Macaé. — Exatamente a mesma injustiça que me fizeram hoje. — concluiu sua interpretação. Estava sonhando, afinal? – Nem ele sabia responder. Tudo parecia tão real em suas visões, ao mesmo tempo em que se questionava: – "Onde estão essas pessoas tão importantes para se fortalecer uma organização sindical?"

Com a demissão, Luiz foi orientado a buscar, junto ao advogado do sindicato, uma reunião com a DRT de Santos para reverter aquela decisão injusta tomada pela empresa como medida de coibir a assistência ao trabalhador.

Após quatro meses, Luiz Carlos foi readmitido[1] e seguiu trabalhando e lutar por condições melhores em benefícios da categoria.

Macaé levantou-se cuidadosamente e ficou sentado na beira da cama. Olhou para a esposa, que dormia ao seu lado, e contemplou-a por alguns instantes. Levantou-se vagarosamente e saiu em direção à sala.

Sentou-se no sofá e voltou a refletir:

---

[1] O empregado eleito para o cargo de direção de Comissão Interna de Prevenção de Acidentes (CIPA) possui estabilidade desde o registro da sua candidatura até um ano após o final de seu mandato.

Dirigentes sindicais possuem estabilidade a partir do momento da candidatura. E, caso sejam eleitos, ainda que como suplentes, até um ano após o final do mandato, salvo se cometer falta grave nos termos da lei.

— "Estou aqui, sentado no sofá e estou consciente disso." — "Então não estou sonhando, com certeza. Amanhã, lembrarei de tudo que vi hoje deitado na cama." — Pensou esperançoso.

Lembrou-se de que certa noite teve as mesmas sensações quando estava pensando em Leide. Lembro-se de que, dali por diante, não recordou o que tinha acontecido, apenas uma sensação de que tinha acontecido mais coisas. Achava tudo aquilo muito estranho, mas, enfim, não tinha o que fazer. Tudo aquilo, de certa forma, influenciava as ações de Macaé, que sentia a possibilidade que se encontra, de fato, com aqueles personagens e seguirem juntos pelos mesmos ideais sociais e trabalhistas.

De repente, sentiu um sono profundo e esticou-se no sofá para ficar mais acomodado.

— "Agora vou ficar por aqui mesmo. Porque, se voltar para cama, vou acabar acordando a Leide." — Pensou com providência.

Ajeitou-se no sofá e cruzou, como de costume, os braços por de trás da cabeça, como travesseiro e retomou os pensamentos.

E, com num lampejo, surgiu-lhe outro personagem à mente e ele fica curioso para desenvolver a visão, ou seria sonho? Naquele momento, não estava preocupado com isso e, sim, em conhecer aquele personagem que lhe surgiam no pensamento, como num filme.

– "Tenho certeza de que deve ter um fundamento tudo isso que presencio através dessas visões ou sonhos, ou sei lá como chamar."

– "Será que é outro personagem?" – Perguntou, curioso.

Geraldino surgiu-lhe com um olhar compenetrado. Tinha por volta de vinte e seis anos de idade. Alto, pele morena e traços marcantes, Geraldino trazia no semblante a imagem de homem lutado e sofrido. Nascido no Estado da Bahia, na cidade de Paripiranga[1], tinha vinte e três irmãos, vinte e quatro com ele. Todos trabalharam na construção civil em São Paulo como pedreiros. Foi uma verdadeira escola, por que o mais velho veio para São Paulo e tornou-se pedreiro, sendo seguido pelos demais, com

---

[1] Paripiranga que, segundo alguns, vem do tupi e significa "terra vermelha"

exceção de Geraldino e mais sete irmãos, que se tornaram eletricistas.

– "Minha nossa!" – Pensou Macaé surpreso. – "Vinte quatro irmãos! E praticamente todos tornaram-se pedreiros." – "Nosso Nordeste tem muitos trabalhadores por aqui construindo história e fazendo grande diferença." – Refletia Macaé, procurando prestar atenção no que se seguia em sua mente.

O ano era 1982, Geraldino desenvolvia sua atividade dentro da Cosipa como eletricista e era da *Comissão Interna de Prevenção de Acidentes (CIPA)* que, por duas vezes, foi o vice-presidente dentro dessa organização.

– "Outro cara que vai se tornar sindicalista." – premonizou em pensamento Macaé.

Geraldino seguiu trabalhando em sua área e atuando como "cipeiro", como se costuma dizer entre os colegas da categoria.

Ainda em 1982, Geraldino, pela primeira vez, recebeu informações do mundo sindical e suas funções. Pedro era seu amigo e foi quem lhe informou sobre as organizações sindicalistas e lhe abriu caminhos para uma mentalidade verdadeira sobre os valores sindicais para o bem geral da sociedade.

— "Preciso manter meus olhos bem abertos para acompanhar Geraldino." – "Quem sabe ele será um dos nossos?!" – Disse mentalmente para si mesmo Macaé, na esperança de se lembrar no dia seguinte de tudo isso.

— Geraldino, acredito seriamente em sua força e coragem para lutar em favor dos trabalhadores – disse o senhor Pedro, incentivando o amigo a acompanhar os movimentos sindicais.

— Observo a sua luta, difícil, mas constante e consciente, o que é mais importante para se chegar à vitória, conquistando benefícios para todos. – Disse confiante o amigo de Geraldino.

— Senhor Pedro, na empresa em que trabalho atuo, como o senhor sabe, como vice-presidente da *Comissão Interna de Prevenção de Acidentes (CIPA)* e, mesmo lutando pela segurança do trabalhador e seu bem-estar, sei pouco sobre o sindicalismo. – disse com humildade Geraldino. – Tenho vontade de aprender mais sobre seus valores e sua história na sociedade, assim, com consciência, trabalhamos melhor, não acha, senhor? – completou o jovem operário.

– Bem, Geraldino, o que posso dizer-lhe a respeito do *sindicalismo* é que ele tem origem nas corporações de ofício na Europa Medieval, apenas para você ter uma ideia. No século XVIII, durante a Revolução Industrial na Inglaterra, os trabalhadores, oriundos das indústrias têxteis, doentes e desempregados reuniam-se nas sociedades em prol do socorro mútuo. Isso é organização estratégica para se alcançar o objetivo principal: o reconhecimento do trabalhador como ser humano – enfatizou senhor Pedro com energia.

Geraldino acompanhava com interesse as explicações do amigo.

– E o capitalismo que ouvimos tanto falar, realmente, é divergente do progresso? – questionou, Geraldino.

– O capitalismo é um veneno no corpo da sociedade. A revolução, nesse sentido, teve um papel crucial no advento do capitalismo, devido à concorrência permanente que os fabricantes capitalistas faziam entre si, as máquinas ganharam, cada vez mais, lugar nas fábricas. Isso teve um efeito muito ruim, pois acabou tomando o lugar de muitos operários. Aí aconteceu o que chamamos de "excedente de mão-de-obra". – explicou senhor Pedro com indignação.

"Caramba! Que aula! – Vejo que Geraldinho está vidrado nesse assunto." – Pensou Macaé, esforçando-se para manter os olhos abertos. Estava acordado ou dormindo?

– Portanto, Geraldino – continuou o amigo –, o capitalista tornou-se dono da situação e tinha o poder de pagar o salário que quisesse ao operário. Em diversos casos, vemos isso aqui no nosso Brasil. O que chamamos de "*injustiça social*" – disse seriamente.

– Permita-me, senhor Pedro, de fazer-lhe um comentário: na empresa onde trabalhamos, temos poucos direitos. Não temos almoço, transporte, plano de saúde nem uniforme. São muitos os acidentes. Venho lutando para conseguir diminuí-los e encontro muita resistência e boicote. Em muitas ocasiões, não encontramos respaldo do nosso lado que não tem articulação alguma. O que o senhor, com sua experiência, me aconselha?

O senhor Pedro pensou por um momento e respondeu com tranquilidade:

– Bom, Geraldino, você é um jovem operário, tem apenas vinte seis anos de idade, mas já demonstra interesse pela causa social no que se refere ao bem-estar mútuo. Qualidade essencial em um homem com a coragem dos vencedores. Digo-lhe, ainda, que, é preciso organizar-se, não apenas como "cipeiro", mas, sobretudo, como sindicalista. – disse, incentivando-o.

– Eu o aconselho a fazer uma proposta de sindicalismo por organização no ambiente de trabalho com o objetivo de recuperar a função ativa dos trabalhadores na construção de uma militância que seja capaz de fazer uma leitura crítica da realidade, buscando transformá-la. Essa é uma forma que reforça a base de negociação para resultados importantes, não apenas na economia, mas, principalmente, na segurança e bem-estar dos operários. De resto,

Geraldino, vá e encontre outros irmãos de ideal e sentimentos humanistas iguais aos seus e siga a sua luta na certeza de que eis um cultor devotado que, certamente colherá bons e saudáveis frutos para o futuro. – Finalizou sabiamente o senhor Pedro, enquanto o jovem Geraldino ouvia atentamente.

O dia estava amanhecendo, quando Leide procura o marido na cama e nota-lhe a ausência. Ela levanta-se e o procura assustada. Vai até a sala e encontra Macaé imóvel, de olhos fechados, parecia dormir profundamente.

Ela confere o relógio e já marcava 5h40. Ela o chama calmamente, quando Macaé toma um susto.

– Leide? Que horas são essas?! Disse assustado.

– Calma, Marcos. Por que veio dormir aqui no sofá? – Perguntou Leide, sem entender.

Macaé senta-se, corre o olhar no ambiente e responde:

– Acredite se quiser, mas não sei como vim parar aqui. – Respondeu atônito.

O casal entreolhou-se e fez silêncio por alguns instantes.

— Bom, o que eu me lembro é que estava pensando nas coisas e de repente apaguei e não me lembro de vir para o sofá. Tenho a sensação de que sonhei com algo que não consigo me lembrar. — disse ele, acompanhado pela admiração de Leide.

— Mas você está bem? — questionou Leide, preocupada.

— Sim. Sinto-me bem.

— Então vamos tomar café, pois você terá um longo e vibrante dia, onde apenas a coragem dos vencedores poderá prevalecer e trazê-lo de volta para casa com boas notícias. — concluiu carinhosamente a esposa dedicada e admiradora do marido.

Enquanto Leide se dirigia à cozinha, Macaé pensava: — "O que terá acontecido que vim parar aqui na sala? Sonhei ou encontrei-me realmente com aqueles personagens?" — Questionou-se pensativo, Macaé.

10

A Coragem dos Vencedores

"Os verdadeiros vencedores são pessoas
que olham para cada situação com
a coragem de poder resolvê-la
ou melhorá-la... *em favor
das outras pessoas*"

Barbara Pletcher

Ainda não eram 8 horas da manhã quando Macaé chegou à Assembleia. Lá, já estavam os 5 mil operários aguardando ansiosos a decisão dos patrões. A paralisação já alcançara seu décimo sexto dia.

Quando o representante da empresa chegou, a multidão de operários silenciou-se. Ele subiu, pegou o microfone e anunciou:

– Bom dia! Trago uma boa notícia para todos vocês. – informou o representante da diretoria da empresa. – Vamos conceder o aumento solicitado para todos os trabalhadores! – Revelou o homem da diretoria.

Nesse momento, 5 mil operários gritaram entusiasmados e festejaram a vitória conquistada.

– Calma, pessoal! – retomou o representante. – Aos poucos, os trabalhadores fizeram silêncio.

– A empresa vai pagar todos os dias parados para todos. Dezesseis dias, sem nenhum desconto! – Concluiu o homem da diretoria.

Nesse momento, a euforia alcançou o ápice da Assembleia e os gritos tomaram conta por vários minutos.

Macaé e outros três companheiros que estavam ao lado do representante após o anúncio, quando um companheiro de trabalho pegou o microfone e pediu silêncio.

– Companheiros, um minutinho, por favor! – gritou Zé Luiz. – Tudo muito bom para todos nós. Eles pagaram tudo: aumento e os dias parados, mas, covardemente, para o Macaé e os outros três companheiros foram demitidos com justa causa. Enviaram um telegrama para suas casas informando a tal demissão! – gritou Zé Luiz com indignação.

O silêncio instalou-se e o calor das emoções cessaram por completo.

– Macaé, venha aqui e mostre o telegrama – pediu o amigo, passando-lhe o microfone para o demitido.

– Bom dia, companheiros! – Houve a resposta sem emoção. Novamente o silêncio tomou conta.

– Bom, o negócio é o seguinte: ontem, quando cheguei em casa, minha mulher estava triste com meu pequeno no colo. Perguntei porque estava triste e ela foi buscar este telegrama aqui – revelou Macaé ao mesmo tempo que levantava o telegrama nas mãos.

O silêncio continuou.

– Você pode ler o telegrama para todos nós? – gritou um trabalhador próximo do andaime.

– Posso sim – respondeu Macaé calmamente. O representante da diretoria da empresa acompanhava apreensivo.

– "Por razões em que a diretoria desta empresa julgou abusivas as ações do funcionário *Marcos Braz de Oliveira*, nos últimos dias, comunicamos o seu desligamento de nosso quadro de funcionários com a demissão por justa causa." – concluiu a leitura do telegrama, Macaé.

A quietude na Assembleia era assustadora, quando Zé Luiz pede o microfone novamente e diz:

– O que vocês acham disso? É justo enquanto comemoramos a conquista do aumento e o ressarcimento dos dias parados, enquanto quatro companheiros nossos que lutaram incansavelmente para sairmos vitoriosos, principalmente o Macaé, que esteve à frente desta comissão de base, negociando por todos nós e segurou nossos ânimos para conquistarmos os nossos direitos, perdem o emprego e, se não bastasse, por justa causa! É justo isso? Ficaremos com nossas consciências em paz sabendo que eles voltaram injustiçados por terem lutado bravamente por cada um de nós? – ecoou o grito questionativo do operário. Naquele momento, eclodiu um só grito de revolta que logo foi suspenso com o novo pronunciamento de um companheiro que pediu o microfone.

— Pessoal! Enquanto a empresa não reaver esse telegrama do Macaé e dos outros companheiros, vamos continuar parados, tudo bem?! — Gritou mais alto esse companheiro de Macaé.

Agora a situação tinha mudado. Os gritos eram outros:

— É isso mesmo! Enquanto não readmitirem Macaé e os outros não vamos sair daqui! — Gritou outra voz entre tantas em apoio total.

O representante, ao perceber que o quadro havia mudado, pegou o celular e ligou para a diretoria. Passados alguns minutos, ele retorna aos gritos e vaias dos operários.

— Por favor, pessoal. Deixe-me falar. Por favor... — Pediu três vezes, talvez o representante.

Novamente se fez silêncio.

— Obrigado! Acabei de falar ao telefone com o presidente da empresa e ele ordenou que os telegramas fossem rasgados e os quatro funcionários readmitidos — informou enfático o representante da empresa.

Aplausos e gritou de euforia tomou conta

daquele lugar que parecia uma festa gigante.

Assim, Macaé demonstrou sua força como um habilidoso e eficaz negociador em favor de sua classe.

Após esse evento marcante, Macaé foi convidado para fazer parte da diretoria do Sindicato dos Trabalhadores nas Indústrias da Construção Civil e do Mobiliário de Santos.

Macaé seguiu seu caminho fazendo a diferença na vida das pessoas e, em 1989, aceitou o convite e assumiu a suplência da diretoria.

Não se passou muito tempo e, em 1992, foi eleito diretor de patrimônio, cargo que, até aquele momento, não existia no sindicato.

Em 1996, passou a vice-presidente e, dois anos depois 1998, assumiu a presidência com o falecimento de José Luiz de Melo, quando comandou até 2000.

Macaé segue lutando e agindo unido aos outros companheiros, aqueles mesmos dos sonhos e visões, Ornilo, Luiz Carlos e Geraldino, como tantos outros com a mesma coragem e determinação, sobretudo humanismo, Almir Marinho, Roberto Alves, João Basílio, Maria

Bernadete, José Francisco, Ramilson Manoel, Eraldo Severino, Roberto Carlos, Maria Neilde, Francisco Wilson, Leandro César, Roque Tomé, Laudelino de Oliveira, Naia Rodrigues, Ana Maria, Cloves Alexandrino, Antonio Manoel, Miguel Bustos, Sandro Roberto, Edson dos Santos, Paula Liliane, Francisco Carlos, Roberto Morgado, Maria José...

E por aí vão, tantas pessoas que acreditam e seguem marchando para transformar desafios e conquistas, conquistas em outros novos desafios, pois o combustível que move o carro do progresso humano e espiritual é o mesmo que move a felicidade mútua, em que apenas aqueles que, com coragem e fé fazem aos outros o que se quer para si mesmo, que têm *a coragem dos vencedores* para alcançar, no ápice da existência, o coração e a alma das pessoas e, assim, poder repetir *setenta e cinco vezes*: Vencemos juntos! Viva!